AF590286

Le Comte

DE FALLOUX

PAR

J. S. P.

LYON

IMPRIMERIE PITRAT AINÉ

4, RUE GENTIL, 4

1888

LE

COMTE DE FALLOUX

Le Comte

DE FALLOUX

PAR

J. S. P.

LYON

IMPRIMERIE PITRAT AINÉ

4, RUE GENTIL, 4

1888

LE

COMTE DE FALLOUX

La vie de M. de Falloux est digne d'être étudiée; chez lui l' « homme » est aussi intéressant à connaître que l' « homme de parti ». Nous voulons déterminer quelle fut sa part dans certains événements contemporains. part plus grande que le vulgaire ne le croit, et exposer quels étaient la nature, les modes de manifestation et la solidité de ses convictions. A quelques points de vue, il peut servir de modèle, même à ses ennemis.

La fermeté dans les convictions, si rare qu'elle soit à notre époque, inspire encore un genre de respect que le succès même n'arrive pas à conquérir, quand il est le fruit de variations incessantes de lignede conduite. M. de Falloux eut au plus haut point cette unité de vie.

Il eut aussi l'art d'être à la fois un homme de tradition et un homme de son temps. La réunion de ces deux qualités est rare. Beaucoup d'esprits se contentent de l'admiration du passé; une sorte de timidité et de respect mal compris de leurs devanciers les défend de toute innovation : ils ne sentent pas qu'il est compatible d'honorer une attitude ancienne tout en reconnaissant qu'elle ne peut convenir à une situation nouvelle. Cependant quelle que soit l'époque que l'on considère, on trouve au bout d'une période un peu longue un changement plus ou moins complet dans les esprits ; des convictions se sont modifiées dans leur essence ; d'autres, dont le fond est immuable, se manifestent d'une manière toute différente. Il s'ensuit que toute politique qui repose sur l'immobilité, outre qu'elle reçoit de l'histoire un démenti continuel, est nécessairement fausse et ne peut conduire qu'à des mécomptes.

D'un autre côté, il serait funeste de résoudre tous les problèmes sociaux en considérant uniquement le temps présent, sans tenir compte des traditions, du capital d'idées, d'habitudes et même de préjugés que toute nation un peu ancienne reçoit des siècles précédents. Si, comme l'a dit un penseur moderne, « tout homme est héritier et tout homme est ancêtre [1] », il est certainement héritier avant tout, et la meilleure manière d'être ancêtre dans le vrai sens du mot n'est pas de se priver volontairement de l'expérience déjà acquise, de froisser les droits établis, et de bâtir de toutes pièces à chaque génération un édifice social entièrement nouveau. La destruction, comme base de la reconstruction, fut la théorie de la Révolution à la fin du siècle dernier ; toutes proportions gardées, elle serait encore celle d'une certaine école politique.

M. de Falloux réunissait au respect du passé la considération pour le présent et l'espoir dans l'avenir. Il y eut d'autant plus de mérite que dans le milieu où il naquit et vécut le respect du passé risquait d'étouffer tout autre sentiment. Grâce à ce caractère on ne le vit jamais travailler une question sans s'inspirer des

[1] M. Augustin Cochin.

traditions, sans songer à l'application immédiate et sans laisser la porte ouverte aux améliorations prévues et désirées. Cette largeur d'esprit donnait à son talent une grande élévation et une grande solidité avec l'allure calme, seule digne d'un politique sérieux.

Quelle place M. de Falloux occupera-t-il dans le jugement de la postérité ? C'est ce qu'il est difficile de déterminer et ce qui d'ailleurs peut n'avoir qu'une importance relative, bien des éléments concourant à l'assiette de ce jugement, indépendamment du mérite même. M. de Falloux ne sera peut-être pas à sa place véritable, car, si connu qu'il soit et malgré son rôle considérable, il n'est pas des quelques hommes dont les masses savent et se transmettent les noms. Il tenait plus d'ailleurs au suffrage de quelques esprits d'élite qu'à la popularité, et aux résultats qu'à la renommée. Des résultats, il en a certainement obtenu, et plus qu'il ne paraît, quand ce ne serait que par son action incessante sur nombre d'hommes remarquables qui furent ses amis ; mais son influence existe et existera longtemps encore en dehors de ce cercle d'élite. S'il n'est pas arrivé à l'heure opportune pour voir aboutir tout ses efforts, il a sinon fondé au moins fortifié une grande école, celle qui en même temps glorifie l'ancienne France et n'a pas peur de la nouvelle.

I

Le Monarchiste.

M. de Falloux fut toute sa vie non seulement un monarchiste mais un légitimiste. Ses adversaires, lui-même nous le dit dans un de ses écrits, l'ont parfois traité d'« orléaniste », mais ils voulaient simplement par ce mot lui attribuer l'esprit de transaction et de libéralisme qui, pour certaines gens, a été l'apanage exclusif de la Monarchie de Juillet. M. de Falloux n'aurait pas plus accepté le nom d'orléaniste que la signification qu'on lui donnait; selon lui, il y avait eu autant de vrai libéralisme et d'esprit de gouvernement chez certains des ministres de la Restauration que chez leurs successeurs et, d'un autre côté, le « fait » de 1830 ne pouvait un instant balancer dans son esprit le « principe » auquel il avait voué sa vie.

Les traditions reçues de sa famille, le milieu essentiellement monarchique de l'Anjou, auraient suffi à faire de lui un royaliste convaincu; une intelligence très ouverte et une grande pondération d'esprit en firent en même temps un politique habile, apte à se rendre compte des situations les plus diverses et à en tirer parti.

M. de Falloux était homme à rechercher toutes les occasions de proclamer sa foi politique, et tous ses actes portent la trace de la préoccupation de la restauration monarchique. Mais, malgré l'autorité que lui donna pendant un temps sa présence dans les conseils officiels du comte de Chambord et celle que lui assurèrent toujours son dévouement et sa valeur personnelle, il n'eut pas sur la conduite du parti légitimiste l'influence qu'il semblait devoir exercer. C'est qu'il apportait dans ses relations politiques, soit avec le comte de Chambord, soit avec les personnages influents du parti, la même indépendance d'idées et de langage que l'on retrouve dans les diverses phases de sa carrière. Or, presque toutes les fois qu'il y eut à prendre une décision importante, il fut en désaccord avec le comte de Chambord. Beaucoup d'autres auraient mis leur conscience à couvert par une réserve quelconque et se seraient inclinés devant l'ordre reçu ou le désir exprimé, mais ce n'était pas là son humeur, et loin de donner une adhésion, même tacite, aux mesures qu'il désapprouvait, il protesta, fit protester et souvent agit d'après sa conviction personnelle.

Il arriva à l'âge d'homme sous le gouvernement de Juillet, toutes les carrières lui étaient donc fermées, et le seul acte politique qui fut d'abord à sa portée était une manifestation contre le régime existant. Aussi le voyons-nous à deux reprises, en 1834 et en 1839, aller porter ses hommages au comte de Chambord en Bohême et à Venise. Il avait le double but d'affirmer sa foi politique et de connaître le prince auquel il était dès lors décidé à consacrer sa vie. Dès 1841, ses *Mémoires* nous le montrent étudiant son propre parti, y démêlant nettement des tendances diverses, tendance à l'action par les armes de la part du duc des Cars et du général duc de la Rochejaquelein, tendance à l'action parlementaire de la part de MM. de Chateaubriand, Berryer, Hyde de Neuville et de Vatimesnil. Une sorte de tiers parti avait à sa tête MM. de Saint-Priest et de Pastoret. C'est à cette époque que le comte de Chambord forma pour la première fois un comité directeur à Paris, comité qui n'eut qu'une existence éphémère;

quoique fort jeune. M. de Falloux en fut membre. Les dissensions dont il avait été le témoin lui prouvèrent la nécessité de faire un choix entre les diverses lignes de conduite qui s'ouvraient devant lui, et il adopta définitivement le mode d'action dont M. Berryer était le représentant déjà autorisé. Il eut dès lors l'ambition d'entrer au Parlement, fut battu par son concurrent ministériel en 1842 et élu en 1846. Sa première apparition à la tribune, à l'occasion d'une vérification de pouvoirs qui soulevait une question de principe, força M. Guizot à intervenir; peu de temps après il fut nommé membre de la commission de la réforme postale. Il se posait déjà comme orateur et homme d'affaires, mais, sous la monarchie de Juillet, l'occasion ne se présenta pas de prendre part à une action spécialement légitimiste.

Lorsque la révolution de 1848 arrive, il adhère au gouvernement de fait qu'elle installe. En l'absence d'un gouvernement légal et devant l'émeute toujours imminente, c'était le seul moyen d'arriver pacifiquement à l'élection d'une constituante. Les monarchistes n'abandonnaient pas leurs convictions parce qu'ils les mettaient de côté pendant quelques semaines, mais ils facilitaient le retour à une situation régulière. Leur intérêt même leur dictait cette conduite. Surpris par la Révolution, ils n'avaient pas eu le temps de combiner une action quelconque, et des instructions données pour la lutte contre la branche d'Orléans ne pouvaient convenir à un état de choses où l'accord avec cette partie de la famille royale devenait le but raisonnable auquel on devait tendre. Enfin, il importait de laisser se développer librement l'expérience de la République, de manière que son avortement, prévu ou non, ne pût être imputé à la mauvaise volonté des anciens partis : à cette époque, on se faisait l'illusion de croire que si la République succombait sous l'incapacité ou la violence de ses partisans le pays en serait définitivement dégoûté.

Le département de Maine-et-Loire envoya M. de Falloux à la Constituante. Il eut immédiatement l'occasion d'y montrer son énergie en faisant partie le 15 mai du petit nombre de députés qui marchèrent sur l'Hôtel de ville avec les membres du gouvernement provisoire.

La même vigueur de décision jointe à une grande perspicacité se retrouvèrent dans son action vis-à-vis des ateliers nationaux. Membre du comité du travail, il fut nommé rapporteur des projets concernant ces ateliers. Un aveuglement complet joint à l'ignorance de toute règle d'économie sociale avait présidé à leur organisation; les mêmes défauts augmentés du manque d'énergie présidaient à leur administration; mais personne n'osait proclamer le mal ouvertement et entièrement. M. de Falloux en eut le courage dans la séance du 29 mai 1848; il demanda, non la dissolution immédiate, à laquelle il s'était opposé dans le comité du travail, mais la dissolution très prochaine. Pour la rendre facile, il proposa un ensemble de mesures destinées à assurer du travail pendant un certain délai aux ouvriers nécessiteux. Le 14 juin, il eut l'occasion de revenir sur cette question au sujet d'une demande de crédits, et il provoqua la nomination d'une commission spéciale destinée à étudier toutes les propositions concernant les ateliers. Cette commission, dont il fut rapporteur, conclut à la délivrance des crédits, mais en les limitant pour l'avenir, en faisant toutes réserves sur la conduite passée du gouvernement, en indiquant la résolution de liquider cette situation périlleuse: le projet de décret fut adopté par l'Assemblée le 20 juin. Les meneurs révolutionnaires, qui avaient préparé de longue main les ateliers comme une armée toujours à leurs ordres, jugèrent le moment d'agir venu. Ils profitèrent de l'excitation produite par les mesures prises ou annoncées, les défigurèrent et arrivèrent le 23 juin au matin à entraîner les ouvriers aux barricades. L'après-midi de ce jour, la commission des ateliers nationaux présenta, comme une réponse à l'insurrection, un projet de décret qui en prononçait la dissolution dans les trois jours de la promulgation du décret; l'Assemblée se borna à mettre le projet à l'ordre du jour de la séance du 3 juillet. Mais avant cette date, les ateliers furent dissous par un arrêté pris par le général Cavaignac en vertu de son pouvoir dictatorial.

Les journées de juin. résultat de la faiblesse et du manque de prévoyance du gouvernement provisoire, firent planer sur lui une responsabilité dont le parti républicain voulut chercher à l'exonérer. La consigne fut alors de dire que M. de Falloux avait réclamé en diverses circonstances la dissolution immédiate des ateliers nationaux et que l'annonce de cette demande avait seule déterminé la prise d'armes. M. de Falloux? C'étaient d'abord les deux commissions dont il avait été le rapporteur qu'il fallait incriminer. De plus l'assertion de la demande de dissolution immédiate était matériellement fausse et on ne peut soutenir que l'annonce de cette dissolution fut un motif plausible pour l'insurrection. Cependant dans la séance du 24 mai 1849, M. de Falloux, alors ministre, fut violemment attaqué à ce sujet et l'on retrouve ces accusations dans certaines Histoires, entre autres dans celles de M. Henri Martin. Les faits prouvent que, suivant les cas, il y a là erreur ou parti pris, et aussi le désir de rejeter sur un adversaire incommode la responsabilité de catastrophes dont la partie la plus nombreuse de la gauche ressentait vivement l'horreur.

Le général Cavaignac était soutenu par les conservateurs quoique notoirement républicain. Cependant certains actes de son administration durent être combattus ; telle fut la mesure qui organisait dans les départements des missions confiées à des représentants. Ce souvenir de la Convention, peu propre à faciliter une administration régulière, ne fut pas du goût de l'assemblée et une interpellation dans le cours de laquelle intervint M. de Falloux fut adressée au ministre de l'Intérieur.

Avant son ministère nous ne le voyons plus paraître à la tribune que lors de la discussion de l'article 8 de la Constitution ; nous parlons ailleurs de cette séance.

Dans la lutte électorale pour la présidence de la République M. de Falloux s'abstint. Il ne voulut voter ni pour le général Cavaignac dont le nom signifiait adhésion à une République mal définie, ni pour le prince Louis Bonaparte qui ne représentait pas non plus, dans le sens où il l'entendait, les idées d'ordre et de sécurité sociale.

Néanmoins il figura dans le premier ministère du nouveau président, où il n'entra, d'ailleurs, qu'après avoir fait ses conditions sur la question de la liberté d'enseignement. Nous n'examinons pas en ce moment comment il l'organisa et comment il se consacra en même temps et avec succès à la défense de la papauté, mais nous trouvons ici l'occasion naturelle d'insister sur un des traits distinctifs du caractère de M. de Falloux, nous voulons parler de sa faculté de modifier son action extérieure suivant les circonstances. Toute sa vie prouve une grande persévérance de vues, mais en même temps un grand amour du possible et un grand éloignement pour tout acte condamné d'avance à la stérilité. Un profond amour du pays l'empêchait de se renfermer dans une abstention aussi improductive que facile. Pour agir ainsi il avait plusieurs raisons. La première était l'élévation de ses sentiments, l'ampleur et l'ancienneté de ses convictions sociales et religieuses qui dépassaient les bornes étroites imposées parfois à l'action des partis politiques ; la seconde était la persuasion que tout parti ou tout homme inactif est moins apte à la lutte quand il veut la reprendre et perd avec le renom de combattant les avantages moraux et matériels de l'énergie et de la persévérance. Il croyait donc devoir à ses idées de les servir dans toutes les occasions où il était possible de faire prévaloir ne fût-ce qu'une d'entre elles, à condition de ne pas compromettre les autres ; la doctrine de pousser au pire pour obtenir le bien ne fut jamais la sienne, mais au contraire de réaliser le bien toutes les fois qu'il était possible.

A la fin de 1848, il était évident que la Monarchie ne pouvait être immédiatement rétablie. D'un autre côté le nouveau gouvernement, aussi disposé à pencher à gauche qu'à droite, ne devait pas être rebuté quand, au milieu de ses tergiversations, il faisait porter aux conservateurs des propositions d'alliance. Si on vit à ce moment M. de Falloux hésiter, ce n'était pas qu'il eût un scrupule ou un doute sur la légitimité d'une acceptation :

il était seulement arrêté par une défiance de ses propres forces qui fut heureusement vaincue.

Par la force des choses, l'action monarchique de M. de Falloux ne fut pas apparente dans la période qui s'étend de février 1848 à sa sortie du ministère. Au début l'imminence du péril social, après l'élection présidentielle l'impossibilité de soulever immédiatement la question monarchique et l'importance des intérêts dont il fut chargé comme ministre, l'empêchèrent d'agir dans ce sens, au moins d'une manière publique. Il ne put le faire utilement que lorsque le terme de la présidence approcha et que la question de la revision fut soulevée. A cette époque sa santé le tenait éloigné du Parlement depuis près de deux ans ; néanmoins il suivait de près les événements et ne restait pas inactif. Il publia dans l'*Union de l'Ouest* du 15 juillet 1850 un article qui eut un certain retentissement et où il insistait sur la nécessité de choisir nettement entre la République et la Monarchie et de ne pas s'arrêter à l'expédient d'une présidence prolongée ou à vie.

En 1851, la nécessité de la fusion entre les deux branches de la maison royale frappait tous les esprits politiques. Mais un certain nombre de légitimistes étaient loin d'être disposés à agir de manière à la rendre facile et d'un autre côté un certain nombre d'orléanistes, tout en déclarant ne pas la combattre, ne voulaient pas s'employer à la réaliser, ou prétendaient qu'elle rencontrerait d'insurmontables obstacles dans les idées de Mme la duchesse d'Orléans. MM. Guizot, Molé, Changarnier la désiraient ; M. Thiers s'y serait soumis, mais cependant en faisait surtout ressortir les difficultés. Le roi Louis-Philippe mourut le 26 août 1850 ; quoique, depuis son exil, il se fût plusieurs fois prononcé sur la nécessité de la réconciliation de ses enfants avec le comte de Chambord, sa disparition facilitait certainement les négociations en écartant de délicates questions de personnes.

Quatre jours après cette mort parut sous la signature de M. le comte de Barthélemy, secrétaire du comité royaliste de la rue Saint-Florentin, le document connu sous le nom de circulaire de Wiesbaden. Cette circulaire insistait dans les termes les plus nets sur la nécessité d'une discipline absolue dans l'intérieur du parti royaliste, condamnait le système de l'appel au peuple et désignait cinq représentants du comte de Chambord dont M. Berryer seul avait une véritable notoriété. A part ces points la circulaire ne traitait aucune des questions courantes et ne faisait pas allusion au rapprochement désirable avec la branche d'Orléans. Préparée loin de France, et sans que les royalistes les plus mêlés à la politique eussent été consultés, elle ne répondait pas entièrement aux besoins de la situation. Les légitimistes et les orléanistes clairvoyants se rendaient compte que la République avait par ses propres fautes éloigné d'elle la grande masse des électeurs, que ceux-ci recherchaient un gouvernement capable de rassurer les intérêts conservateurs, mais que peu aptes à saisir les différences existant entre les diverses solutions, empire ou royauté, ils croyaient trouver dans l'une ou l'autre la même sécurité et donneraient leurs voix au parti qui saisirait le pouvoir le premier. Le parti monarchique devait donc s'organiser promptement, faire connaître au pays le programme nécessairement libéral de la future Monarchie et choisir comme représentants officiels des hommes jouissant en même temps de l'autorité dans le Parlement et de la popularité dans le pays. Ceux-mêmes des légitimistes qui avaient approuvé la circulaire du prince avant sa publication reconnurent le mauvais effet qu'elle produisait, plus par ce qu'elle ne disait pas, que par ce qu'elle disait. Le comte de Chambord, informé de ce résultat, décida de former un comité de direction plus nombreux qui pût réunir toutes les capacités du parti et en même temps de faire entendre au pays un langage plus explicite. M. de Falloux fut invité par une lettre du prince du 2 décembre 1850 à faire partie du nouveau comité. Quelque temps après, le 15 janvier 1851, M. Berryer ayant dans la discussion motivée par la destitution du général Changarnier prononcé devant l'Assemblée une apologie magistrale de la Royauté, le comte de Chambord lui écrivit sur la demande du nouveau comité une lettre destinée à la publicité où il faisait siennes les paroles de l'orateur et esquissait le plan de la royauté future en en indiquant le caractère libéral et pacificateur. Du côté du prince la question était cette fois bien posée, avec une dignité égale à la justesse des vues politiques.

Au même moment, M. de Falloux publia dans la *Revue des Deux Mondes* du 1er février 1851 un article intitulé : *les Républicains depuis la Révolution de Février*. Son but était de faire ressortir que, depuis cette révolution, la République n'avait existé que grâce à l'appui des monarchistes, que ceux-ci, au 15 mai, aux journées de Juin et sous toute l'administration du général Cavaignac, avaient donné de leur bonne volonté des gages non équivoques, et que l'attitude indécise du général Cavaignac, avait seule éloigné le pays de lui en décembre 1848 et fait triompher la candidature antirépublicaine du prince Louis-Napoléon. L'auteur concluait que les monarchistes, protecteurs du régime alors existant, avaient le droit de disposer de leur œuvre et de la diriger dans le sens de leurs vues.

La révision allait devenir prochainement facultative et c'est ce qui déterminait M. de Falloux à prendre à l'avance position et, sans traiter la question au fond, à déblayer le terrain en indiquant la situation véritable des différents partis.

En mars 1851, M. de Falloux partit pour Venise, désireux de s'assurer des vraies dispositions du prince et de défendre de vive voix ses idées personnelles sur la direction de la politique monarchique. Le chapitre XVI de ses *Mémoires* nous le fait voir combattant dans l'esprit du comte de Chambord toutes les illusions encore existantes sur la possiblité d'une action militaire, insistant sur l'avantage d'une direction parlementaire unique et sur l'intérêt de la confier à M. Berryer, seul à la hauteur d'un tel rôle. Il exposa l'opinion de M. Berryer sur l'attitude à prendre dans le débat sur la revision et obtint du prince que la défense de cette opinion fût indiquée par lui comme la règle du parti. En même temps il avait représenté la nécessité de consulter certains personnages considérables du parti monarchique connus pour leur libéralisme ; il voulait éviter par dessus tout que le comte de Chambord, vivant en dehors du monde politique, fût mal informé des variations de l'opinion et des limites de son action possible.

Peu de mois après, la question de la revision était soulevée devant l'Assemblée par les amis de l'Élysée qui désiraient faire modifier l'article de la Constitution défendant la réélection du président. Cette réélection était présentée comme le maximum des désirs bonapartistes. Les légitimistes ne pouvaient laisser se développer une pareille discussion, sans chercher à la faire tourner à leur profit. Mais, vu la composition de la majorité de l'Assemblée, ils n'avaient chance de réunir pour une revision dans le sens monarchique les deux tiers des voix exigées par la Constitution, que si les députés orléanistes confondaient leurs votes avec les leurs, et s'il y avait unanimité dans le parti légitimiste même. Pour la première fois apparaissait publiquement le fait que nous aurons encore l'occasion de constater, c'est que, divisé en légitimistes et en orléanistes, le parti monarchique était condamné à l'impuissance. En 1851 il ne paraît pas que la responsabilité de la division doive être imputée aux légitimistes. M. de Falloux semble dans ses *Mémoires* attribuer très nettement à la résistance de Mme la duchesse d'Orléans, régente, l'échec des tentatives de fusion, et l'indépendance de jugement dont il a souvent fait preuve dans l'appréciation des actes du comte de Chambord donne une autorité d'autant plus grande à ses conclusions sur ce point. Il est vraisemblable, d'ailleurs, que cette résistance de Mme la duchesse d'Orléans eût été moins forte si elle avait vu dans son propre parti se former à cet égard une opinion unanime. Mais si, nous l'avons déjà dit, MM. Molé, Guizot, de Salvandy la poussaient dans le sens de la fusion, M. Thiers y était beaucoup moins disposé. Le maintien pur et simple de la Constitution qui éloignait du pouvoir le prince Louis et laissait le champ libre pour 1852, à la candidature du prince de Joinville, par exemple, ou peut-être M. Thiers lui même, semblait à ce dernier la combinaison la plus opportune. D'autres représentants, MM. de Broglie et de Montalembert, ne croyaient pas venu le moment d'une revision totale dans le sens monarchique, le premier sans doute parce qu'il la jugeait difficile, vu la division de la maison royale, et que cependant il croyait peu à la fin de cette division, le second parce qu'il se préoccupait presque exclusivement des intérêts catholiques et qu'il les croyait suffisamment sauvegardés par le président.

Avant que le débat sur la revision s'ouvrît publiquement, M. de Falloux déploya toute son activité pour ramener les orléanistes à l'idée de la fusion et pour obtenir l'unité d'action dans l'intérieur du parti légitimiste. Il ne réussit pleinement ni sur un point ni sur l'autre.

Le débat s'ouvrit le 8 juillet 1851, par le rapport de M. de Tocqueville. Le 14 juillet M. de Falloux prononça en faveur de la révision totale un discours très complet et très net; il combattit l'idée que l'on dût avant de voter la revision remanier la loi du 31 mai; montra les inconvénients d'un manque d'énergie qui poussait certains représentants à combattre la revision, afin de gagner du temps sans que l'on pût donner une raison plausible de cette attente; nia que l'on pût, en prolongeant un état transitoire, raffermir dans les pays la notion d'autorité comme le prétendaient les mêmes représentants; combattit la revision partielle comme n'étant pas une solution réelle et enfin demanda la « substitution du principe de la Monarchie au principe de la République ». Il convia à cette œuvre réparatrice les différents partis et faisant allusion aux divisions existant entre les diverses fractions du parti monarchique, prétendit que l'on ne devait pas s'arrêter à ce fait. Il laissa entendre que, si les hommes politiques n'étaient pas mûrs pour la concorde, la proclamation théorique de la Monarchie était le seul remède à cette situation et amènerait forcément une fusion sans laquelle cette proclamation resterait lettre morte. Il finit en déclarant que la Monarchie consacrerait à nouveau les libertés modernes et en montrant le lien existant entre la décroissance de l'influence française en Europe et le progrès des idées anarchiques à l'intérieur.

Si l'auditoire eût pu être convaincu, il l'eût été certainement par ce discours aussi habile qu'énergique. M. Berryer parla aussi dans le même sens avec son éloquence accoutumée. Mais ils ne purent triompher de l'obstination de trois groupes divers : l'extrême gauche qui préférait la présidence au rétablissement possible de la Monarchie, les orléanistes militants qui ne voulaient pas la fusion et quelques membres de l'extrême droite qui, malgré la consigne donnée par le comte de Chambord de suivre en cette matière la direction de M. Berryer, s'abstinrent ou votèrent contre la revision totale. Sur 724 représentants qui prirent part au vote, 446 votèrent pour la revision totale, alors que la majorité était de 543 voix. M. de Falloux fut affecté spécialement de la défection de quelques-uns des personnages marquants du parti légitimiste.

Peu de temps après, le coup d'État confondit les divers votants dans la même situation de vaincus. Le comité légitimiste se prononça par l'abstention dans le plébiscite qui suivit, mais l'immense majorité qui sanctionna l'acte du président prouva bientôt que de toutes les politiques celle que le pays comprend le moins est la politique de l'expectative.

Les déceptions amènent souvent une aigreur peu propice à la concorde. Il se produisit bientôt dans le parti légitimiste quelques actes qui indiquèrent à M. Berryer et à M. de Falloux, que si le prince leur conservait sa confiance, ils avaient près de lui des ennemis acharnés. Ces discussions intérieures jointes à l'inutilité d'une action immédiate hâtèrent sans doute la dissolution du comité qui eut lieu dans l'hiver de 1852. Il fut remplacé par un bureau de renseignements qui devait forcément d'ailleurs avoir un rôle plus important que son titre modeste ne l'indiquait; il n'avait que cinq membres dont n'étaient ni M. Berryer ni M. de Falloux.

Pendant toute la durée de l'Empire, M. de Falloux ne prit plus officiellement part à la direction du parti monarchique. Il y avait à cet effacement plusieurs raisons dont la principale était le désaccord existant entre le comte de Chambord et lui sur la question électorale. Nous avons déjà exposé que M. de Falloux croyait toute attitude préférable à l'inaction. La question du serment ne pouvait lui être sérieusement opposée, alors que, sous la Monarchie de Juillet, on avait admis cet acte en lui donnant sa portée véritable et du moment qu'il ne s'agissait que d'occuper des fonctions électives. Aussi, dès 1851, lorsque le mot d'ordre de l'abstention absolue eût été donné aux légitimistes, M. de Falloux n'hésita pas à faire connaître qu'il le désapprouvait ; il le fit dans une lettre qu'il publia dans l'*Union de l'Ouest* du 24 janvier 1852. Il insista sur son opinion en termes plus explicites encore dans une lettre du 17 septembre 1852, écrite à un de ses amis et destinée à passer sous les yeux du comte de Chambord.

Plus tard, quand la politique impériale devint, au moins dans ses conséquences, hostile au saint-siège, il chercha dans cette occasion un moyen pratique pour le comte de Chambord d'affranchir son parti du mot d'ordre de l'abstention sans se donner à lui-même un démenti. Il pensait que le prince pouvait, tout en réservant et en exprimant son opinion personnelle, faire connaître que, les questions pendantes devenant surtout religieuses, il laissait à la conscience de chacun le choix de la ligne de conduite à suivre. M. de Falloux fit consulter le comte de Chambord sur ce point, mais la réponse fut la même. Lors des décrets de novembre 1860, qui en restituant aux Chambres le droit de voter une adresse, leur donnaient un semblant de vie parlementaire, il tenta un nouvel effort et écrivit le 3 juin 1861 une longue lettre, plutôt une sorte de mémoire, au comte de Chambord. Il croyait que si le parti légitimiste désertait la lutte à la tribune et refusait publiquement de défendre les intérêts religieux, le résultat serait de maintenir le clergé dans la dépendance de l'Empire et en même temps d'attirer vers la maison d'Orléans tous les partisans des institutions représentatives. Les orléanistes, M. Thiers par exemple, annonçaient leur intention de disputer aux candidats officiels quelques sièges de députés : on allait donc leur laisser le bénéfice de l'action. Les légitimistes avaient défendu le saint-siège sous la République de 1848 ; n'avaient-ils pas le même intérêt à le défendre sous l'Empire ? M. de Falloux suppliait le comte de Chambord de considérer l'importance de chacune de ses résolutions dans lesquelles amis et ennemis cherchaient l'indice de la direction de son esprit et de ses aptitudes futures au gouvernement. Le prince lui répondit le 17 juin 1861, en maintenant la consigne précédemment donnée. Un passage de cette lettre énonçant que M. Berryer avait été consulté par le prince comme dans toutes les circonstances importantes, M. de Falloux en prit texte pour tenter un nouvel effort auprès du comte de Chambord. Avec une franchise égale à celle de son premier message, mais avec une vivacité plus grande, il rappela que si M. Berryer avait toujours été consulté, le fait que presque toutes les décisions importantes avaient été prises contre son avis prouvait que le comte de Chambord avait plus d'affection pour sa personne que de considération pour son esprit politique. Il faisait remarquer que si au début de l'Empire bon nombre de légitimistes et d'orléanistes s'accordaient à approuver l'abstention, dans les circonstances nouvelles, tout homme qui, dans ces deux partis, représentait une influence quelconque, qu'elle fût due au nom, au caractère, à l'intelligence ou aux positions jadis occupées, était partisan de l'action parlementaire. Il trouvait « effrayant » l'isolement du prince sur ce point et ne craignait pas de rappeler comment une politique personnelle, autoritaire et en même temps aveugle, avait perdu la Restauration. Il ne reçut aucun accusé de réception de cette seconde lettre et, comme il arrive dans presque toutes les discussions, chacun des interlocuteurs conserva son opinion. Mais M. Berryer et M. de Falloux ne se crurent pas engagés à suivre aveuglément un ordre qu'ils regardaient comme funeste et, lors des élections de 1863, ils se présentèrent aux suffrages des électeurs. M. Berryer fut élu à Marseille, M. de Falloux battu à Segré.

En 1869, M. de Falloux tenta de nouveau l'épreuve, cette fois-ci en Vendée, mais il fut battu à deux reprises, la seconde fois à quelques centaines de voix seulement. Il ne s'était pas borné à donner l'exemple de la lutte et, dans un travail paru dans le *Correspondant*, il avait traité du devoir des électeurs en présence des concessions libérales de l'Empire et de la gravité des circonstances, soit à l'intérieur, soit à l'extérieur. Selon lui, le prochain Corps législatif se trouverait en face des problèmes les plus importants pour l'avenir du pays; ce n'était pas le moment de se désintéresser de la vie politique. Certains esprits croyaient possible de faire le vide autour d'un gouvernement qu'ils détestaient, mais la France n'avait-elle pas prouvé en ce siècle, et à plusieurs reprises, que chacun de ses partis contenait un nombre suffisant d'hommes d'État pour se suffire à lui-même? Dès lors ne donnerait-on pas au contraire au parti que l'on combattrait par l'abstention le mérite de tout ce que seul il saurait faire de bon? Et ne valait-il pas mieux, à tous les points de vue, conserver sa part d'influence? Mais comment agir? Fallait-il en face du gouvernement armé comme il l'était pour la lutte électorale s'élancer au combat sans alliance, sans préparation, se borner en somme à pousser un beau cri de guerre en se mettant d'avance dans des conditions d'insuccès certain? Non : il fallait évidemment traiter avec les combattants, orléanistes ou républicains, qui venaient d'un autre côté de l'horizon politique, mais qui, comme les légitimistes, avaient pour but immédiat non de renverser le gouvernement existant, mais d'arriver à la constitution du régime parlementaire.

Cet appel n'eut pas d'influence sur l'attitude officielle du parti légitimiste, mais il dut contribuer à augmenter le nombre des électeurs libéraux qui en 1869 envoyèrent à la Chambre un certain nombre de députés décidés à réclamer l'organisation d'un contrôle parlementaire effectif.

Il donnait de plus une grande autorité personnelle à M. de Falloux, le désignait pour être le trait d'union entre les légitimistes et les orléanistes, et lui faisait regagner en autorité dans le pays ce qu'il avait pu perdre depuis longtemps déjà en influence à Froshdorf. On sait comment l'essai du régime parlementaire fut brusquement interrompu par les événements de 1870. La santé de M. de Falloux l'empêcha lors des élections de 1871 d'accepter deux candidatures qui lui furent offertes dans

Maine-et-Loire et dans Ille-et-Vilaine, mais il n'en restait pas moins un des personnages les plus considérables du parti légitimiste. Ses anciennes relations avec M. Thiers pouvaient, à un moment donné, en faire un intermédiaire commode entre la droite et le nouveau chef du pouvoir. Enfin l'Assemblée était remplie de ses amis, anciens compagnons de lutte, comme Mgr Dupanloup, ou hommes nouveaux disposés à recevoir ses conseils. Il est inutile d'exposer toutes les questions que le parti monarchique avait à résoudre une fois le traité de paix signé, elles sont dans toutes les mémoires, et, à supposer qu'on n'eût pas également le souvenir de l'attitude de M. de Falloux, tout ce que nous avons dit déjà indiquerait suffisamment ce qu'elle fut. La fusion lui paraissait encore plus qu'en 1851 la base nécessaire de toute proposition de retour à la monarchie. L'opinion très nette de M. de Falloux était qu'en 1851 elle avait échoué par suite de la mauvaise volonté du parti orléaniste; en 1871, aucun obstacle ne venait plus des princes d'Orléans qui annonçaient hautement leur intention de se rendre auprès du comte de Chambord. C'était donc vers ce dernier que se tournaient, pour en obtenir les concessions. presque inévitables dans tout rapprochement, les hommes préoccupés d'un dénouement prompt et définitif. Leurs efforts n'aboutirent pas, et le manifeste du 5 juillet 1871 où le chef de la maison de Bourbon affirmait sa résolution de maintenir le drapeau blanc, considéré dans la masse du pays comme l'emblème du retour à l'ancien régime, fit échouer pour le moment toute tentative de fusion.

Quelques jours avant qu'il parût on en connaissait la teneur probable; M. de Falloux, alors à Versailles, fut de ceux qui poussèrent l'évêque d'Orléans à partir pour Chambord afin de chercher à modifier la résolution du prince. voyage que firent en même temps, et dans le même but, trois délégués de la droite de l'Assemblée et quelques autres personnages légitimistes importants. On sait que, à la suite du manifeste, un certain nombre de députés de la droite, quatre-vingts environ, se réunirent pour rédiger une note protestant de leur dévouement au prince, mais en même temps de leur attachement au drapeau tricolore. M. de Falloux admis à la réunion contribua à la rédaction du document.

On ne peut être étonné, connaissant son caractère, qu'il ne s'en soit pas tenu là et qu'il ait voulu donner à sa protestation tout l'éclat nécessaire pour contribuer à créer un courant favorable à sa propre opinion. Il en eut l'occasion dans une réunion toute privée de la droite de l'Assemblée tenue peu de temps après, à Versailles, chez le vicomte de Meaux. Le comte de Chambord, y dit-il, tient invinciblement au drapeau blanc, le comte de Paris au drapeau tricolore. On ne peut demander à aucun d'eux de se déjuger; mais on peut prendre pour arbitre l'Assemblée, personnification la plus complète du pays. M. Thiers, ajoutait-il, en substance se croit indispensable et depuis quelques temps semble pencher vers la gauche. Peut-être son attitude serait-elle modifiée si la droite se montrait moins défiante envers lui, et si, se rappelant ses services passés en 1849, elle cherchait avec persévérance et bonne volonté à le maintenir à sa tête. Mais si M. Thiers refusait ce rôle, n'avait-on pas sous la main d'autres personnages aussi considérables que lui et aussi aptes à servir de transition entre la République provisoire et la Monarchie, impossible tant que durerait la division des princes. Et M. de Falloux indiquait le duc d'Aumale, non comme un candidat à la présidence de la République, mais comme pouvant rester jusqu'au retour du roi à la tête du pays monarchiquement organisé, à un titre qu'il ne définissait pas, mais qui vraisemblablement aurait ressemblé à une lieutenance générale du royaume. Ces différentes idées, quoique exprimées seulement à titre de desiderata, montraient chez leur auteur la double préoccupation d'agir auprès du représentant de la Monarchie et du détenteur provisoire du pouvoir. A cette heure même M. de Falloux était surtout préoccupé de l'attitude de M. Thiers. A la suite du manifeste de Chambord il avait eu avec lui une longue et vive conversation d'où il était sorti convaincu que le président, nullement navré de l'échec des tentatives de restauration, se résignait aisément à conserver sa haute situation pour une période indéterminée. M. de Falloux était peu surpris de cette impression de M. Thiers : mais il avait été très affecté de la tendance qu'il avait cru discerner chez le président à s'appuyer de plus en plus sur la gauche de l'Assemblée. Sans demander à M. Thiers de chercher à abréger son propre pouvoir, il pensait qu'il devait au moins ne pas travailler à fonder définitivement la République qu'il avait toujours combattue quand il n'était pas à sa tête et qu'il devait, par conséquent, s'appuyer sur la partie conservatrice de l'Assemblée.

M. Thiers se prétendait, au contraire, dans l'impossibilité de gouverner avec la droite alors que celle-ci restait attachée à ses idées monarchiques, quoique incapable de les faire passer dans l'ordre des faits. Il répétait, d'ailleurs, que la République serait forcément conservatrice, qu'il ne la laisserait pas dévier de cette ligne et il amenait peu à peu à se résigner à cette forme de gouvernement certains membres de l'Assemblée, soit qu'ils fussent ses amis personnels, soit qu'ils fussent rassurés suffisamment en le voyant à la tête du gouvernement.

Cette désagrégation de la droite paraissait fort alarmante à M. de Falloux : il voulait toujours croire à la solution prochaine des questions qui maintenaient la maison royale loin du trône et conserver intacte la majorité qui devait proclamer la Royauté. Il fit donc paraître en 1872 un article intitulé *le Scepticisme politique* qui combattait l'idée que la forme du gouvernement fût indifférente. Sans discuter cette question théoriquement, il faisait remarquer qu'en France, en ce siècle, on ne pouvait dire qu'Empire, République ou Royauté dussent amener les mêmes conséquences : il citait à l'appui de sa thèse les résultats des derniers essais de ces trois sortes de gouvernements, résultats qu'il résumait en montrant la République conduisant au désordre et à la violence, l'Empire à l'invasion, la Royauté à la liberté parlementaire. Il ne pouvait donc comprendre que d'anciens monarchistes déclarassent du jour au lendemain qu'il était indifférent de vivre sous la Royauté ou sous la République. Il trouvait surtout bien peu réfléchie une conversion dont la raison principale était le fait de la présence à la tête du gouvernement d'un homme propre à rassurer les intérêts conservateurs. Quoi de plus fragile que cette garantie qui pouvait disparaître en une heure ! Il faisait remarquer que les mêmes hommes qui songeaient à fonder la République la combattraient si M. Thiers cessait de la diriger et acclameraient la Monarchie si la question du drapeau disparaissait. Alors qu'il s'agissait de fonder un gouvernement définitif, devait-on se décider par des considérations essentiellement temporaires?

Le dissentiment entre M. Thiers et la majorité ayant augmenté pendant l'année qui suivit, la journée du 24 mai 1873 donna la présidence au maréchal de Mac-Mahon. Une majorité déjà bien réduite par les élections partielles et par l'action personnelle de M. Thiers semblait encore exister dans l'Assemblée pour le rétablissement de la Monarchie: le gouvernement était disposé à la seconder. Le comte de Paris fit alors l'acte décisif de la visite à Froshdorf. Dès lors les monarchistes reprirent courage et des négociations actives furent entamées entre le comte de Chambord et les représentants de la droite de l'Assemblée. On a vu déjà combien les conseils de M. de Falloux avaient été souvent recherchés par nombre de députés, il n'est pas étonnant qu'on en ait senti le besoin dans ces circonstances particulièrement délicates où l'on poursuivait un travail d'entente qui avait toujours été son programme. M. de Broglie, président du Conseil, appela M. de Falloux à Versailles; ce dernier se rendit à cet appel et peu de temps après contribua à la rédaction de la déclaration soumise au nom de la droite au comte de Chambord et qui, en maintenant le *statu quo* pour la question du drapeau, indiquait qu'il pourrait être modifié, mais seulement par un accord du prince et de l'Assemblée. Il est inutile de rappeler comment les députés qui firent le voyage de Salzbourg revinrent convaincus qu'ils avaient obtenu l'adhésion du prince et comment, peu de jours après, une proclamation de ce dernier montra qu'ils s'étaient trompés ou du moins qu'ils n'avaient remporté qu'un triomphe bien éphémère: une phrase de la proclamation semblait faite spécialement pour réfuter une comparaison entre Henri IV et son successeur que M. de Falloux avait formulée à la réunion de 1872 chez M. de Meaux.

M. de Falloux écrit dans ses *Mémoires* que, dès la proclamation de 1871 et vu la persistance du désaccord existant entre le comte de Chambord et l'Assemblée nationale, il avait pensé que le seul remède à la situation était l'abdication du comte de Chambord ; il ne jugeait pas que ce fût un sacrifice surhumain pour un prince sans postérité et il trouvait dans cette solution plus de grandeur et de dignité que dans une obstination sans issue. Les événements de 1873 durent le confirmer dans cette pensée de l'abdication, mais, soit qu'en 1871 il espérât encore une heureuse solution à la question du drapeau, soit qu'en 1873 il trouvât qu'il était trop tard pour agir dans le sens de l'abdication, M. de Falloux ne manifesta pas publiquement cette opinion, et son action monarchique directe fut dès lors terminée. Ce ne fut plus qu'à titre de simple conservateur qu'il reprit la parole ou la plume. En 1878, il fit paraître sous le titre de *la Contre-Révolution* un article où il montrait l'inconvénient pour les conservateurs de prendre ce mot pour cri de ralliement dans la lutte religieuse, politique et sociale qui se continuait sous la République. Il répétait ce qu'il avait dit ou écrit vingt fois dans sa vie, que ce que la Révolution avait produit de réformes légitimes était si bien entré dans nos mœurs que notre droit civil et politique était entièrement basé sur elles et que la Restauration pas plus qu'un autre gouvernement n'avait pas songé à les combattre. « Le triomphe de l'égalité fondée sur le Code civil, le triomphe de la liberté religieuse garantie par le Concordat et le vote de toutes les lois bonnes ou mauvaises par des assemblées librement élues » étaient hors de discussion ; dès lors il était aussi maladroit qu'inexact d'adopter une devise dont les termes, aussi absolus dans la forme que peu précis dans le fond, laissaient toute liberté aux exagérations imprudentes des amis et aux accusations passionnées des adversaires.

La politique de M. de Falloux eut toujours deux sortes d'ennemis, en premier lieu les membres des partis politiques autres que le sien : c'était là une hostilité naturelle dont la vivacité était un éloge : on n'attaque que celui que l'on craint.

Mais M. de Falloux eut aussi des ennemis dans son propre parti dont une fraction le représentait comme un libéral dangereux et un serviteur indiscipliné de la Monarchie. Il ne faut pas s'illusionner sur le nombre et sur l'influence des monarchistes qui lui étaient hostiles. En 1851 et de 1871 à 1873, il n'y a pas de doute qu'il exprimât l'opinion des neuf dixièmes d'entre eux, nous voulons dire de ceux mêlés au mouvement politique et les seuls influents, mais, d'un autre côté, de 1871 à 1873, il est certain que M. de Falloux était en désaccord avec le comte de Chambord et cela seul suffit, dans un parti où les traditions de discipline et de fidélité étaient si fortes, à ôter toute efficacité à son action et à celle de ses amis. Si l'on se place au seul point de vue monarchique peut-on s'en féliciter ? Les personnes qui se préoccupent quelque peu des résultats ne le trouveront sans doute pas.

Que l'on aime ou non les idées et le mode d'action de M. de Falloux, on ne peut nier son grand sens politique. Regarder les difficultés en face, s'imprégner de l'air ambiant, connaître le terrain de l'action et l'efficacité des armes dont on dispose, ne faire aucune concession aux préjugés de droite ou de gauche, maintenir les principes intacts tout en tenant compte des circonstances, semble en théorie de bonnes conditions de succès. Être de son temps est certainement la meilleure condition pour arriver à le dominer. M. de Falloux pensait qu'un parti politique ne vaut pas tant par l'excellence de ses théories de gouvernement que par sa manière de les appliquer, par son aptitude à en faire passer dans l'ordre des faits une part plus ou moins grande. A cela les ultra du parti répondaient qu'être politique voulait dire être habile, et être habile être malhonnête, et il n'y avait guère moyen de s'entendre.

Et cependant M. de Falloux était-il aveuglé par ce que ses adversaires monarchistes appelaient avec un mélange de dédain et d'effroi « l'esprit moderne? » Que l'on consulte sur ce point les républicains, les bonapartistes et les anciens orléanistes. Certaines réserves plusieurs fois formulées sur le mode d'organisation du suffrage universel ne semblent pas, entre autres, provenir d'un adorateur bien fervent de la loi du nombre. Incontestablement, il n'était pas ennemi de toutes les réformes modernes et son esprit était trop logique pour ne pas accepter franchement ce qu'il ne combattait pas. L'égalité devant la loi, la liberté des cultes, le régime représentatif, l'avaient pour partisan résolu et définitif. Mais on embarrasserait fort ses ennemis de l'extrême droite si on leur demandait d'indiquer nettement la concession de principe qu'il a faite.

Ce qu'il ne fallait pas lui demander c'était de rester dans l'équivoque, de parler contre sa pensée ou de ne pas la dire entière, de préférer les menues faveurs du prince à une influence sérieuse. C'est là son principal mérite ; combien aurait été plus facile et combien devait être tentant pour un monarchiste de naissance et de cœur de procurer à un prince qu'il aimait tant la constante satisfaction de son obéissance absolue. Ce n'est que poussé par sa conscience et au préjudice de son repos moral qu'il donna souvent la preuve d'une indépendance attristée. Il ne fut pas le premier des monarchistes libéraux, l'étude de la Restauration le prouve ; mais il était resté monarchiste libéral, alors que la majorité du parti légitimiste semblait depuis 1830 être en défiance vis à vis de la liberté. Alors qu'il cherchait seulement à remettre en vigueur une politique qui eût pu sauver la Restauration, il semblait un novateur, et, sort fréquent des hommes d'initiative, il fut parfois accusé d'infidélité au passé et de faiblesse pour le temps présent.

Sa reconnaissance pour ses compagnons de lutte était persévérante et cette fidélité dans ses amitiés politiques se reflétait dans tous ses actes. Elle s'étendait non seulement aux hommes qui professaient les mêmes principes que lui, mais à ceux qui ne lui avaient prêté leur appui que sur des questions données. Ainsi il ne cessa de rendre hommage à M. Thiers pour son concours dans la loi de 1850 et dans la défense de l'expédition de Rome :

il le fit à l'Assemblée nationale, au congrès de Malines, dans tous ses écrits : même en se séparant de cet homme d'État à la fin de sa sa carrière, il garda le souvenir reconnaissant des luttes soutenues en commun.

L'art de manier les hommes, de les réunir, de découvrir des auxiliaires dans tous les camps fut certainement le sien.

Enfin il avait l'ensemble des qualités qui désignent à l'attention des hommes ou des assemblées. Deux fois le comte de Chambord l'appelle dans les comités qu'il forme ; à l'Assemblée de 1848, il est choisi comme rapporteur par la commission des ateliers nationaux dans les graves circonstances que l'on sait : il sait se faire une place si importante dans ce nouveau monde politique que lorsque le président Louis-Napoléon veut donner un gage à la droite, en choisissant un ministre dans ses rangs, c'est à lui qu'il fait porter ses propositions : lorsqu'il est éloigné de la vie parlementaire, il garde une situation si prépondérante qu'il reste le conseil d'un portion considérable de son parti.

Ses amis, à commencer par M. Berryer, sont parmi les hommes les plus remarquables du siècle. Ses alliés politiques parlent de lui dans les termes suivants. M. de Tocqueville : « Quiconque n'a pas vu M. de Falloux à une table de conseil, ne sait pas ce que c'est que la puissance d'un homme. » M. Thiers : « M. de Falloux est un homme d'État de pied en cap. » Un témoin impartial, le marquis de Normanby, ambassadeur d'Angleterre, lui rend dans ses *Mémoires* un hommage aussi complet. L'action politique de M. de Falloux a souvent été combattue, mais son autorité a toujours été reconnue et son caractère respecté.

II

La Loi de 1850.

C'est dans la séance de l'Assemblée nationale du 20 septembre 1848 que M. de Falloux traita pour la première fois une question ayant trait à la liberté de l'enseignement. Avant de parler de ce discours il est bon d'exposer sommairement l'organisation de l'Université à cette époque.

Jusqu'en 1845 le conseil supérieur de l'instruction publique n'était composé que de sept à huit membres tous universitaires; les diverses branches du gouvernement de l'instruction publique étaient partagées entre eux et chacun était devenu omnipotent dans la branche qui lui était dévolue [1]. Pour échapper à cette domination, M. de Salvandy fit signer le 7 décembre 1845 une ordonnance qui adjoignait aux huit conseillers titulaires vingt conseillers nommés tous les ans par le ministre. Cette ordonnance qu'une loi, présentée à la Chambre des pairs, le 25 janvier 1848, devait confirmer, rendait le conseil plus dépendant du ministre, mais cette dépendance, peut-être préférable à l'ancien état de

[1] Voir à ce sujet la *Vie de Victor Cousin*, par M. Jules Simon.

choses, ne pouvait en tout cas convenir qu'à une université monopolisée.

L'instruction primaire était sous le régime de la loi de 1833. Dans son domaine, cette loi avait en principe réalisé la liberté d'enseignement promise par la Charte de 1830. Elle avait admis tous les Français, sous certaines conditions générales, à ouvrir des écoles primaires. Elle obligeait les communes d'une certaine population à entretenir une école publique ou à s'entendre avec une école privée. Elle plaçait en tête du programme l'instruction morale et religieuse. Elle instituait dans la commune un conseil de surveillance où le maire et le curé avaient entrée, et à l'arrondissement un comité directeur.

Elle avait donc été un progrès sur l'époque où le monopole existait aussi bien dans l'enseignement primaire que dans l'enseignement secondaire. Ses inconvénients étaient de ne pas avoir assuré aux instituteurs un traitement minimum suffisant pour les mettre toujours à l'abri du besoin et par conséquent du découragement, de l'envie et de tous les mauvais sentiments qui en découlent souvent; d'avoir fait une condition absolue pour être instituteur de l'obtention d'un brevet de capacité qui empêchait de prendre part à l'instruction nombre de sujets et en particulier de nombreux congréganistes pour lesquels l'admission par leurs supérieurs aurait amplement remplacé la garantie du brevet de capacité; de n'avoir institué comme surveillant continuel de l'instruction qu'un comité, c'est-à-dire un corps où la responsabilité était divisée et l'action gênée par cette division même.

Pour l'instruction secondaire, on était encore sous le régime du monopole: l'Université possédait tous les établissements qu'elle dirigeait au moyen du conseil supérieur, uniquement recruté dans son sein. C'est en vain que de 1830 à 1848 ce que l'on appelait alors le « parti catholique » avait réclamé la liberté promise par la Charte. On lui avait, suivant les cas, opposé une fin de non-recevoir, ou proposé pour l'enseignement secondaire un régime qui ressemblait plus à la servitude qu'à la liberté. La question en apparence n'avait fait aucun progrès en ces dix-huit années ; elle semblait même, après un premier essor, être revenue en arrière. Le projet de 1836 sur l'instruction secondaire avait été plus libéral que ne le furent les projets successifs de 1841, 1844, 1847. De plus, la question s'était élargie et la perspective de voir les jésuites profiter le plus amplement entre tous les catholiques de la liberté réclamée avait ravivé contre eux des haines violentes, amené les incidents de 1845 et provoqué une défense aussi ardente qu'avait été l'attaque. Cependant cet état prolongé d'hostilité avait fatigué les deux adversaires et on sentait le besoin d'en finir avec une question qui soulevait de telles passions. Le gouvernement, l'Université, semblaient avoir épuisé leurs forces dans une défense que les promesses formelles de la Charte rendaient bien difficile : les catholiques, non découragés mais lassés, étaient plus disposés à transiger sur certains points. Il ressort de tous les documents contemporains : journaux, discours ministériels, écrits, que les deux adversaires, comme deux athlètes qui s'estiment davantage après s'être montré leurs forces et qui redoutent chacun secrètement un nouveau combat, étaient plus près de s'entendre qu'avant la bataille. Il n'y a pas de doute non plus que le terrain d'entente eût été une loi donnant au moins une liberté égale à celle que promettait la loi de 1836.

Quant à l'enseignement supérieur l'Université en était absolument maîtresse et on n'avait pas encore traité la question de la liberté sur ce point.

Après la révolution de 1848, lorsque l'Assemblée constituante eut passé la redoutable épreuve des journées de Juin, elle se mit à discuter le texte des divers articles de la Constitution. L'article 8 était ainsi rédigé par la commission : « Les citoyens ont le droit de s'associer ; de s'assembler.... de pétitionner, de manifester leur pensée par la voie de la presse... » M. de Montalembert proposa d'y insérer le droit « d'enseigner », il trouvait que la proclamation de la liberté « d'enseignement » dans l'article 9, sous certaines garanties énumérées, ne précisait pas suffisamment le droit des citoyens, et semblait substituer à un droit individuel et primordial un droit concédé sous le bon plaisir de l'État et sous des conditions arbitraires. Comme il mêla à son discours des attaques assez vives contre les méthodes de l'Université et les résultats de l'éducation donnée par elle, il provoqua naturellement d'ardentes répliques, entre autres de la part du ministre de l'instruction publique, M. de Vaulabelle, de M. Jules Simon, et de M. Dupin (de la Nièvre), rapporteur de la commission. M. de Falloux intervint à la fin de la discussion. Bien que dans sa dernière phrase il déclare se rallier à l'amendement de M. de Montalembert[1], ou à tout autre analogue, son discours très conciliant laisse un peu dans l'ombre la distinction faite entre la liberté d'enseignement et la liberté « d'enseigner ». Il précise qu'en ce moment il n'y a qu'à poser un principe général dans la Constitution, sauf à en tirer les conclusions dans des lois spéciales, et il anticipe sur la discussion de l'article 9, dont la rédaction semblait en somme le satisfaire, en prononçant les mots suivants : « D'ici là nous n'avons à nous occuper que d'un principe. Ce principe, personne ne le conteste : l'enseignement est libre ; nous n'avons à poser à côté de ce principe qu'une restriction que personne ne conteste non plus : la surveillance de l'État. »

Dans cette discussion se manifeste la différence souvent faite par les contemporains entre les deux caractères de M. de Montalembert et de M. de Falloux ; le premier était un homme d'attaque incomparable ; le genre d'action du second était plus prudent ; tous deux avaient une ardeur égale, quoique diverse dans ses manifestations, et se complétaient l'un l'autre pour le plus grand honneur des causes qu'ils servaient en commun.

Il faut aussi noter dans ce discours une phrase qui résume sous une forme originale l'opinion de M. de Falloux sur l'Université, opinion qui lui était commune avec la grande majorité de l'épiscopat et des catholiques : « Pour mon compte, je n'attaque ou plutôt je ne redoute l'Université que comme un corps empêchant d'enseigner : quand elle demeure dans les limites de corps enseignant, je n'ai absolument rien à lui imposer et jamais je ne

[1] Cet amendement fut retiré.

porterai la moindre atteinte à l'exercice de sa liberté. » Le caractère de la lutte terminée momentanément par la loi de 1850 est indiqué dans cette phrase ; il s'agissait en effet seulement de conquérir une liberté promise, d'arriver à l'égalité avec les détenteurs du monopole de l'instruction, non d'acquérir à leur place une situation privilégiée.

Nous avons déjà parlé des hésitations de M. de Falloux à accepter le portefeuille de l'instruction publique et des cultes que le prince Louis-Napoléon Bonaparte lui offrait dans son premier ministère. Si elles furent vaincues ce fut grâce aux instances de MM. de Montalembert, Molé et de l'abbé Dupanloup, qui firent surtout valoir auprès de M. de Falloux les services qu'il pourrait rendre dans ce poste à la cause de la liberté d'enseignement. M. de Falloux ne céda qu'après avoir obtenu de M. Thiers la promesse de soutenir en commun une loi générale sur l'organisation de l'instruction publique.

Quinze jours après son entrée au ministère, le 4 janvier 1849, deux rapports signés de lui paraissaient à l'*Officiel*; ils concluaient à l'organisation de deux commissions : l'une concernant l'instruction primaire, l'autre l'instruction secondaire. Deux arrêtés instituaient les commissions qui étaient extra-parlementaires, mais comprenaient un grand nombre de membres de l'Assemblée nationale. Elles se fondirent bientôt en une seule. Leur composition était combinée de manière à réunir toutes les compétences et toutes les opinions. Parmi les membres de la commission concernant l'instruction secondaire, on remarquait notamment d'un côté M. Cousin et M. Thiers, de l'autre l'abbé Dupanloup et M. de Montalembert, anciens adversaires qu'une heureuse initiative réunissait dans un but commun au moment même où ils étaient le plus disposés à s'entendre. Des universitaires connus par leur modération comme M. Saint-Marc Girardin formaient le trait d'union.

La conséquence naturelle de ces actes était le retrait du projet déposé par le précédent ministre de l'instruction publique M. Carnot. Ce retrait provoqua une vive émotion dans la gauche de l'Assemblée qui y voyait, avec raison, le préliminaire d'une action énergique. Le projet Carnot avait, d'ailleurs, été déjà très bouleversé par la commission qui l'avait étudié.

La question de l'instruction secondaire était incontestablement la plus importante. Comme on l'a vu, il s'agissait sur ce point, non de perfectionner, mais de créer de toutes pièces la liberté jusqu'alors si vivement refusée. Si le désir d'un accord était manifeste, cet accord était loin d'être fait ; les divers membres de la commission impartialement choisis dans tous les camps arrivaient chacun avec certaines idées arrêtées qu'ils entendaient bien ne pas abandonner, tout en étant disposés à céder sur d'autres points. Jamais une permanente modération ne fut plus nécessaire que dans les six mois occupés à ces mémorables discussions. Mais la nécessité de l'union et des concessions réciproques s'imposa à tous les membres de la commission et l'évènement prouva que M. de Falloux avait été bien inspiré quand il avait appelé à concourir au même travail des ouvriers si différents. Il s'était bien rendu compte que, momentanément au moins, les dissensions étaient moins vives et il avait rapidement profité de cette heureuse trêve.

Il fallait donner son plein développement à la pensée d'union qui avait présidé à l'organisation de la commission, c'est-à-dire qu'il fallait arriver à ce que ses travaux fussent dirigés dans le même esprit et produisissent en définitive une œuvre de conciliation durable. Il n'en aurait pas été ainsi si M. de Falloux avait cherché à imprimer au projet de loi un cachet qui lui fut trop personnel. C'est dans cet ordre d'idées que, quoique président de la commission, il s'abstint d'exercer effectivement cette présidence et laissa la direction des débats au vice-président. Le vice-président de la commission d'instruction secondaire, et plus tard de la commission unique, était naturellement désigné par ses capacités, par le désir du ministre, par son adhésion antérieure au principe de la loi ; ce fut M. Thiers. Très frappé des derniers évènements dont la portée sociale dépassait toutes ses prévisions, il avait abandonné toutes ses préventions contre la liberté d'enseignement et une partie de celles qu'il nourrissait contre les ordres enseignants ; sa promesse à M. de Falloux pour le décider à accepter le ministère en était un gage.

M. Cousin, quoique resté plus spécialement universitaire, était dans les mêmes dispositions générales.

Les membres de la commission qui appartenaient à l'ancien *parti catholique* agirent avec le même esprit d'effacement que M. de Falloux. Tous, y compris le plus brillant et le plus ardent M. de Montalembert, s'effacèrent derrière le plus conciliant. l'abbé Dupanloup. Le dernier mot dans la bataille qui avait précédé la révolution de 1848 avait été dit par ce dernier dans son livre de *la Pacification Religieuse.* Le titre de cet ouvrage était un cri de paix ; le contenu en était d'une grande modération. A son caractère plein d'autorité, l'abbé Dupanloup joignait l'avantage d'une compétence spéciale que prouvaient les différentes phases de sa carrière.

Si M. de Falloux s'effaça autant qu'il vient d'être dit, on peut néanmoins se figurer quelle influence il exerça sur les débats qu'il avait provoqués. Il laissa le plus souvent la parole à ses amis, mais ceux-ci n'agirent évidemment que d'accord avec lui et il eut autant de part effective aux travaux de la commission que les membres dont les noms sont le plus souvent répétés dans les procès-verbaux des séances. Néanmoins l'action personnelle de M. de Falloux étant, dans cette période, peu apparente, nous ne ferons pas l'historique des travaux de la commission instituée par lui, historique qui, d'ailleurs, a déjà été brillamment fait [1] et nous examinerons le résultat de ces débats. Ils apparaissent dans l'exposé des motifs et le texte du projet de loi déposé le 18 juin 1849. Cet exposé résume les idées de M. de Falloux ; nous en parlerons avec quelques détails, sauf en ce qui concerne les points exclusivement administratifs. D'ailleurs, toutes ces questions sont encore actuelles : elles ont été traitées récemment dans le Parlement ; elles le seront plus d'une fois encore.

[1] *Les Débats de la Commission de 1849*, par H. de Lacombe.

M. de Falloux énonce dans un court préambule ce principe que l'éducation doit être l'œuvre commune de la famille et de l'État, non l'œuvre exclusive de l'un ou de l'autre, et que les gouvernements successifs ne doivent pas s'efforcer de créer une société à leur image, mais se borner à assurer aux familles sous certaines conditions le droit et la liberté de faire donner à leurs enfants une éducation conforme à leurs convictions.

Le titre premier traite « des autorités préposées à l'enseignement ». A l'ancien conseil supérieur, exclusivement universitaire, le projet substituait un conseil de vingt-quatre membres, d'une composition toute différente. Huit appartenaient à l'Université et étaient choisis par le ministre, trois choisis de même appartenaient à l'enseignement libre, trois conseillers d'État étaient nommés aussi par le ministre. Les autres membres étaient électifs : trois archevêques ou évêques et trois magistrats à la Cour de cassation étaient nommés par l'épiscopat ou la cour, un ministre protestant, par les présidents des consistoires, trois membres de l'Institut par les cinq classes réunies.

Les attributions de ce conseil supérieur, indiquées dans l'article 5 du projet, étaient sensiblement les mêmes que celles de l'ancien conseil, sauf quelques attributions nouvelles nécessitées par la création de l'enseignement libre.

La composition du nouveau conseil était une conséquence forcée de la suppression du monopole par suite duquel l'administration de l'enseignement ne pouvait plus appartenir aux seuls membres de l'Université, et une conséquence aussi de cette considération, qui dominait la loi, que la jeunesse ne devait pas seulement trouver dans les établissements publics ou privés un enseignement classique solide, mais aussi une éducation conforme aux principes de religion et de morale et une culture de l'esprit générale et élevée. Il ne peut être contesté que pour tout ce qui dans l'enseignement n'était pas exclusivement pédagogique, un conseil composé comme il vient d'être dit présentait plus que tout autre des garanties sérieuses.

Mais on n'avait pas négligé la partie des attributions du conseil supérieur qui consistait à intervenir d'une manière active dans la la direction des établissements de l'État. Cette dernière fonction étant continue, le projet instituait une section permanente du conseil dans laquelle il faisait entrer les huit membres de l'Université.

Pour rendre la direction et la surveillance plus efficaces, les autorités universitaires étaient rendues départementales. Une académie et une place de recteur étaient créées par département; auparavant, les académies contenaient plusieurs départements, cinq ou six parfois. Un conseil académique départemental, ayant dans sa circonscription des attributions analogues à celles du conseil supérieur, était créé sous la présidence du recteur. On retrouvait dans sa composition, comme pour le conseil supérieur, l'idée d'associer à l'éducation toutes les autorités religieuses, politiques ou administratives[1].

Enfin, l'inspection de tous les établissements d'instruction publique était confiée à des inspecteurs généraux, à des inspecteurs d'académie, à des inspecteurs de l'instruction primaire, à des délégués cantonaux du conseil académique départemental, au maire et au curé ou pasteur.

Le titre II du projet traitait de l'instruction primaire. Le ministre constatait d'abord que la loi de 1833 n'avait pas produit tous les bons effets qu'on en attendait; que les instituteurs, trop peu payés, inamovibles et mal surveillés par les conseils locaux, non dirigés eux-mêmes, avaient souvent pris dans les communes une attitude d'hostilité envers la société et la religion. L'exactitude de cette affirmation n'avait été contestée par personne dans la commission: on peut s'en assurer en se reportant aux procès-verbaux. D'un autre côté, la condition obligatoire du brevet de capacité éloignait, nous l'avons déjà dit, une grande partie des membres des congrégations religieuses.

1 Le recteur président, l'inspecteur d'Académie, le préfet, l'évêque, un ecclésiastique autre que l'évêque, un ministre des cultes évangéliques s'il y avait lieu, un membre de a cour d'appel ou du tribunal de premiere instance, quatre membres du conseil général.

Le projet remédiait à ces divers inconvénients par les mesures suivantes : L'article 38 fixait le traitement des instituteurs. Le brevet de capacité exigé pour les instituteurs publics ou libres par la loi de 1833 subsistait, mais pouvait être remplacé par un certificat de stage d'une durée de trois ans dans une des écoles autorisées à recevoir des stagiaires ; ce certificat était délivré par le conseil académique.

La garantie offerte par le certificat de moralité était remplacée par celle qu'offrait la présentation faite par le conseil académique ou par les supérieurs des congrégations reconnues et vouées à l'enseignement.

Enfin, les délégués cantonaux nommés par le conseil départemental avaient le droit d'adresser des avis ou réprimandes aux instituteurs et concouraient à leur suspension.

Le maire et le curé ou pasteur avaient désormais la responsabilité directe et individuelle de l'école, le maire au point de vue de la salubrité et du régime disciplinaire, le curé ou pasteur au point de vue de l'enseignement religieux et de la direction morale.

Les instituteurs devaient être nommés par les conseils municipaux sur la présentation des conseils académiques ou des supérieurs des congrégations reconnues par l'État.

Les peines disciplinaires contre les instituteurs publics ou libres qui, sous l'empire de la loi de 1833, n'allaient pas au delà de l'interdiction d'enseigner dans une commune donnée, pouvaient aller jusqu'à l'interdiction absolue.

Le ministre repoussait la gratuité. Il faisait ressortir l'énormité de la charge qu'elle imposerait aux communes et au trésor ; cette charge était évaluée à quarante-sept millions dans le projet présenté le 23 juin 1848 par le précédent ministre. Il constatait que la gratuité, qui n'était qu'un trompe-l'œil et qu'un déplacement des charges, avait le défaut de supprimer entre les parents et les enfants un indispensable lien et de fausser les esprits en cherchant à effacer toute trace des différences inévitables de fortune. Dans l'idée de gratuité, il y avait plus d'orgueil démocratique et de désir de lutter contre les écoles privées, que d'intérêt pour le développement de l'instruction : il suffisait à ce développement que l'on continuât, comme cela existait déjà, à donner gratuitement l'instruction à tous les enfants dont les familles étaient hors d'état de la payer ; les articles 23 et 44 y pourvoyaient.

L'éloignement des solutions, d'une portée plus théorique que réelle, le désir de voir le progrès s'effectuer par le consentement des intéressés et non par la contrainte et être dès lors plus profitable, faisaient aussi repousser au ministre le principe de l'obligation. Il était bien évident dès cette époque que la marche de la civilisation devait amener peu à peu tous les parents à faire donner l'instruction primaire à leurs enfants. Il était inutile de leur imposer à ce sujet une obligation en désaccord avec le libre exercice de la puissance paternelle. Cette question de l'obligation était d'ailleurs bien ancienne et le ministre rappelait que les États généraux de 1580 l'avait déjà traitée.

Le titre III réglait l'instruction secondaire. Son premier article portait que tout Français âgé de vingt-cinq ans au moins et n'ayant encouru aucune des incapacités formulées par la loi (art. 25) pourrait former un établissement d'instruction secondaire, sous la condition de déposer dans les mains du recteur de l'Académie : 1° un certificat de stage constatant qu'il avait rempli pendant cinq années au moins les fonctions de professeur ou de surveillant dans un établissement d'instruction secondaire public ou privé ; 2° soit le diplôme de bachelier ès-lettres, soit un brevet délivré par un jury spécial nommé par le ministre sur la proposition du conseil académique : 3° le plan du local, le règlement intérieur et le programme des études.

Le certificat de stage tenait lieu de certificat de moralité et prouvait déjà une certaine expérience. L'équivalence du diplôme de bachelier et du brevet de capacité répondait à l'idée que, chez un directeur d'établissement, les grades n'étaient pas plus nécessaires que les qualités de direction.

Le système proposé était fort libéral. En premier lieu, il n'exigeait pas d'autorisation préalable ; l'article 59 se bornait à organiser un droit d'opposition que le recteur, le préfet et le procureur de la République pouvaient exercer dans le délai d'un mois après le dépôt des pièces ; cette opposition était jugée, la partie entendue, par le conseil académique, sauf appel au conseil supérieur.

En second lieu, le projet n'exigeait aucun grade des différents professeurs. Sur ce point il savait que le désir des familles de donner à leurs enfants une instruction solide et l'intérêt qu'avaient les chefs d'établissement à attirer les élèves amèneraient infailliblement un état de choses où le plus grand nombre des professeurs seraient gradés. Cependant l'article 69 en réservant les subventions des communes aux établissements libres pourvus d'un certain nombre de professeurs gradés témoignait une sollicitude naturelle pour l'élévation du niveau de l'instruction.

Les mêmes préoccupations se révélaient en ce qui concerne les établissements publics dans l'article 69.

Les articles 62 et 63 réglaient les peines qui pouvaient être infligées aux membres de l'enseignement libre.

Quelques mots de l'exposé des motifs sur l'enseignement des filles, l'enseignement professionnel et les salles d'asile, prouvent qu'aucun des côtés de la vaste question de l'enseignement n'avait échappé au ministre, et que s'il n'agissait pas au moment même sur tous les points ce n'était ni par oubli ni par indifférence. M. de Falloux exprimait spécialement le regret de n'avoir pas eu le temps nécessaire pour préparer l'organisation de la liberté de l'enseignement supérieur, mais le dernier article du projet faisait allusion à la solution prochaine de cette question.

Avant la discussion devant l'Assemblée, M. de Falloux avait cessé d'être ministre et, sa santé le tenant éloigné de Paris, il n'y prit aucune part. La partie la plus active de son rôle dans l'instruction publique était donc terminée. Mais il eut à intervenir immédiatement ou longtemps après pour défendre son œuvre, soit dans la presse, soit dans des réunions privées de catholiques.

Bien que la minorité de la gauche de l'Assemblée nationale eût voté l'article 9 de la Constitution qui commençait ainsi : « L'enseignement est libre », elle voyait avec déplaisir cette liberté promise près de passer dans l'ordre des faits, étant donné que les ordres religieux voués à l'enseignement primaire devaient profiter amplement du nouveau régime. Ce mauvais vouloir fit qu'un de ses membres proposa, en se basant sur des considérations de procédure parlementaire, le renvoi du projet au Conseil d'État; le renvoi fut voté à une voix de majorité. Mais ce ne fut qu'un retard; le nouveau ministre de l'instruction publique, M. de Parieu, reprit vigoureusement le projet : il fut plus spécialement soutenu par les anciens membres de la commission extraparlementaire, et en particulier par M. Thiers, président de la commission nommée par l'Assemblée. Le projet de M. de Falloux modifié sur de nombreux points, mais pas dans ses parties essentielles, devint la loi du 15 mars 1850.

Nous ne ferions pas apprécier l'importance de cette loi si nous n'insistions sur une de ses principales conséquences : l'admission à l'enseignement des congrégations non autorisées. Nous avons indiqué que c'était là le point passionnant du débat. Les procès-verbaux de la commission extraparlementaire sont pleins de discussions à ce sujet. Quelques membres de l'Assemblée essayèrent d'introduire dans la loi une disposition restrictive à cet égard; c'était trente ans à l'avance l'équivalent du fameux article 7 du projet de 1879 sur l'enseignement supérieur, dont nous parlons plus loin. Mais on leur répondit avec justesse qu'une telle disposition n'était pas à sa place dans une loi d'enseignement et les explications données montrèrent les bonnes dispositions de l'Assemblée au sujet des congrégations enseignantes. M. Beugnot, rapporteur du projet de loi, s'exprima ainsi : « Nous venons d'indiquer les conditions auxquelles tout Français pourra ouvrir ou diriger une maison d'éducation. Le souvenir d'un ancien débat qui naguère passionnait les esprits et qu'on s'efforcera peut-être, mais en vain de rajeunir, exige que nous nous expliquions en peu de mots sur une question que le projet de loi ne soulève pas, mais qu'il est aisé d'y rattacher. Les membres des congrégations religieuses non reconnues par l'État pourront-ils ouvrir ou diriger des établissements d'instruction secondaire ou y professer ?

« La réponse ne peut être douteuse. Nous réglons l'existence d'un droit public à la jouissance duquel sont appelés tous les citoyens, sans autre exception que ceux dont l'immoralité a été déclarée par un arrêt de la justice. Nous disons, avec le rapporteur du projet de loi, à l'Assemblée constituante : « La République n'interdit qu'aux ignorants et aux indignes le droit « d'enseigner ; elle ne connaît pas les corporations ; elle ne les « connaît ni pour les gêner, ni pour les protéger ; elle ne voit « devant elle que des professeurs. »

« Si nous voulions étendre par des motifs étrangers à l'objet spécial de cette loi le cercle des interdictions nous ne saurions où nous arrêter ; le droit d'enseigner deviendrait le privilège de quelques-uns ; l'égalité et la Constitution seraient violées. Ainsi donc, nul doute d'après le projet de loi, les membres des associations religieuses non reconnues, dans lesquels nous ne voyons nous aussi que des citoyens auxquels nul n'a le droit de demander ce qu'ils sont devant Dieu et devant leur conscience, jouiront de la faculté d'enseigner, parce que cette faculté est un droit civil et qu'ils possèdent tous les droits de ce genre.

« Plus tard, l'Assemblée déterminera le mode d'exercice et les limites d'un autre droit, le droit d'association ; elle fera alors ce que l'intérêt public et le respect de la liberté de conscience et des cultes lui conseilleront ; mais devancer l'époque où la discussion sera ouverte sur ce point et introduire dans le projet de loi actuel la clause du serment imposé aux instituteurs de n'appartenir à aucune corporation religieuse non reconnue, que contenaient les anciens projets de la loi et qui suscita de si énergiques protestations, ce serait défigurer celui dont nous nous occupons et transformer une œuvre de justice et d'égalité en un acte empreint de terreurs frivoles ou d'incalculables préjugés. »

La question si nettement posée fut de nouveau traitée à la tribune, à l'occasion d'un amendement présenté lors de la seconde lecture et qui portait : « Nul ne pourra tenir une école publique ou libre, primaire ou secondaire, laïque ou ecclésiastique, ni même y être employé, s'il fait partie d'une congrégation religieuse non reconnue par l'État. » M. Thiers prit la parole au nom de la commission de l'Assemblée et fit rejeter l'amendement pour les motifs consignés au rapport par une majorité de quatre cent cinquante voix contre cent quarante-huit. Un amendement du même genre de M. Laurent, de l'Ardèche, fut aussi rejeté.

Nous avons donc raison de dire qu'une des conséquences de la loi de 1850 fut d'établir nettement la distinction entre l'existence de fait des congrégations non reconnues qu'elle consacrait indirectement, et leur existence légale qu'elle n'avait pas à régler et qui, d'ailleurs, si avantageuse qu'elle pût être, n'était pas indispensable aux congrégations pour accomplir leur œuvre. Il n'y eut donc pas à ce moment de décision de principe au sujet de l'existence de fait des congrégtions, mais toutes les objections anciennes contre cette existence ayant été développées de nouveau, la commission et l'Assemblée passèrent outre en constatant qu'elles ne modifiaient pas l'état de choses existant.

Chose extraordinaire, cette loi de 1850 que les ennemis du catholicisme dénonçaient comme un progrès intolérable de sa part, fut attaquée avec une vivacité égale par une fraction des catholiques. Cette fraction, qui avait pour organe le journal l'*Univers*, était sans doute peu nombreuse, mais le talent de polémiste du rédacteur en chef de cette feuille, M. Louis Veuillot, procurait aux thèses qu'il soutenait un retentissement considérable : elle reprochait à M. de Falloux d'avoir cherché à organiser l'égalité de régime entre l'enseignement universitaire et l'enseignement libre, au lieu de remplacer purement et simplement le monopole universitaire par le monopole du clergé. Toutefois, cette opposition, si vive qu'elle ait été et si intéressante à étudier qu'elle soit, n'a amené aucune conséquence immédiatement tangible, c'est-à-dire qu'elle n'a pas empêché la loi de 1850 d'être votée et de produire tous ses effets. Nous n'avons donc pas à nous étendre sur ce point, et ne le signalons que parce que les attaques persistantes dont l'attitude des catholiques libéraux et en particulier la loi de 1850 furent l'objet, finirent par amener au bout de plusieurs années une réplique de M. de Falloux. Elle parut en 1856 sous la forme d'une brochure intitulée *le Parti catholique*. Nous en reparlerons quand nous étudierons la politique religieuse de M. de Falloux. Pour le point qui nous occupe, elle se bornait à un historique des circonstances qui avaient conduit à la loi d'union de 1850 et à la défense des intentions de ses auteurs; elle n'apportait pas et n'avait pas à apporter d'arguments nouveaux, le débat étant législativement clos.

D'ailleurs, la meilleure réponse allait être celle des faits, et, au milieu des injures et des prophéties sinistres de ses ennemis de gauche et de droite, la loi que le P. Lacordaire a appelée l'Édit de Nantes du XIXe siècle répandait peu à peu ses bienfaits. Grâce à elle, la question de l'enseignement entrait dans une période d'apaisement bien frappante après l'agitation des vingt années précédentes, et l'instruction primaire et secondaire recevait dans les établissements publics ou libres une impulsion surexcitée par la concurrence et profitable au progrès général. Un livre publié en 1879 [1] dit que grâce à la liberté de 1850, quatre-vingt-huit maisons d'éducation avaient été fondées en France en dehors de celles appartenant aux congrégations reconnues ou simplement autorisées à l'enseignement.

Sous le second Empire, l'organisation créée en 1850 ne fut modifiée que sur quelques points. On rétablit les rectorats régionaux. Une loi de 1867 permit aux communes d'établir la gratuité.

Si M. de Falloux n'avait pu achever son œuvre en réglant les trois degrés de l'enseignement, une commission avait été nommée le 12 juillet 1849 pour préparer un projet de loi sur la liberté de l'enseignement supérieur, mais l'apaisement et la confiance réciproque de certains partis dont avait profité M. de Falloux, n'avait duré qu'un instant; l'ardeur nécessaire pour mener à bien

[1] *Les Débats de la Commission de 1849*, par H. de Lacombe.

une seconde loi, aussi délicate que la première, n'existait plus, et la commission n'aboutit à aucune solution. La question ne fut reprise qu'à l'Assemblée de 1871 qui étendit à l'enseignement supérieur le principe posé dans la loi de 1850. C'était une conséquence de la liberté accordée aux enseignements primaire et secondaire. Mgr Dupanloup, membre de l'Assemblée, eut la bonne fortune de continuer là son œuvre première. Mais cette dernière conquête ne devait pas être de longue durée et on approchait du moment où elle allait disparaître avec celles de 1850.

La Chambre des députés élue à la fin de 1877 était en majorité antireligieuse; elle l'était assez pour qu'il lui parût naturel d'oublier, pour combattre la religion, les idées libérales que la plupart de ses membres n'avaient pu guère appliquer, puisqu'ils n'avaient jamais exercé le pouvoir, mais sous le patronage desquelles ils s'étaient toujours présentés au pays.

Lorsqu'à la fin de 1878, les élections sénatoriales eurent donné à la haute assemblée une composition plus semblable à celle de la Chambre, le moment parut venu de détruire une législation qui n'avait profité à la religion que par la liberté, mais, enfin, qui lui avait incontestablement profité. Nous ne faisons qu'indiquer les grandes lignes de cette campagne nouvelle: elle n'appartient à notre sujet que par la protestation orale qu'elle arracha à M. de Falloux, qui prononça, croyons-nous, en cette occasion son dernier discours.

Une première loi, votée le 28 février 1880, remania complètement la composition du conseil supérieur et des conseils académiques. Du conseil supérieur, elle fit un corps presque exclusivement universitaire d'une centaine de membres environ. L'enseignement libre n'y comptait que quatre représentants nommés par le ministre. L'Université devenait juge et partie dans les questions contentieuses où l'enseignement libre serait en jeu. Le conseil cessait de représenter le pays pour ne plus représenter que l'Université. Sans avoir une valeur pédagogique plus grande que l'ancien conseil, cette nouvelle assemblée se privait des lumières des représentants de la plupart des grands intérêts sociaux, entre autres des évêques. L'exclusion ne visait guère d'ailleurs que ces derniers, quoiqu'elle fût présentée sous une forme générale pour être moins choquante.

Des réformes analogues dans la composition des conseils académiques avaient aussi pour but principal d'en exclure les membres du clergé.

Une autre loi votée le 19 mars 1880 détruisit celle du 27 juillet 1875 sur l'enseignement supérieur. La collation des grades et le titre d'universités furent enlevés aux établissements libres. La gratuité des inscriptions, établie dans les facultés de l'État, où elle était compensée par une élévation des droits d'examen, devint une arme contre les établissements libres. A ceux-ci, le retrait de la collation des grades ôtait les ressources procurées par les droits d'examen, il ne leur restait donc plus que celles données par les inscriptions, qui désormais étaient prises gratis chez leurs concurrents.

La question de l'existence des congrégations religieuses non autorisées et de leur droit à enseigner avait été rallumée par le gouvernement dans l'article 7 du projet de loi. Cet article retirait la faculté d'enseigner à tous les degrés aux membres des congrégations non autorisées. Il fut voté par la Chambre et rejeté par le Sénat. Le gouvernement voulant arriver par une voie ou un autre à l'expulsion des ordres enseignants, spécialement des jésuites, publia les décrets du 29 mars 1880 qu'il fit exécuter *manu militari*. Le recours porté par les intéressés devant l'autorité judiciaire fut soustrait à cette autorité par un arrêt du tribunal des conflits, présidé en ce jour par le Garde des Sceaux. Devant la juridiction administrative, où le ministre est juge de droit commun, il était évident que les congrégations n'avaient plus aucun espoir de voir triompher leur cause et elles ne l'essayèrent plus.

Enfin des lois successives, qui furent votées à partir de 1881 étaient annoncées comme devant établir l'obligation, la gratuité et la laïcité de l'enseignement primaire et aussi la laïcité absolue de son personnel.

A aucune époque l'esprit antireligieux ne s'était manifesté par un pareil ensemble de mesures pratiques. On comprend combien M. de Falloux se sentit atteint. C'était la destruction de son œuvre propre. En ce qui concernait les congrégations il n'avait jamais livré personnellement bataille, mais on ne peut douter que, non encore entré dans la vie publique, il ne fût de cœur avec les membres du Parlement ou les juriconsultes qui en 1845 avaient soutenu leur droit à l'existence. Approuvait-il leurs arguments juridiques, c'est vraisemblable, mais il n'eut pas à se prononcer à cet égard, puisque en 1850 on avait écarté cette question d'un commun accord.

Ce qu'on peut affirmer, c'est que si l'on eût convaincu M. de Falloux que les congrégations existaient irrégulièrement, même en ne réclamant aucun des avantages de la personnalité civile, il eût immédiatement voulu régulariser leur situation, en leur donnant positivement le droit d'exister. C'est à un sentiment analogue qu'obéirent, après les décrets de 1880, les républicains libéraux qui, avec M. Dufaure, présentèrent un projet de loi sur les associations. Si la liberté d'association est entravée comme on le prétend, disaient-ils, il faut l'organiser de suite; mais ils n'eurent aucun succès auprès du gouvernement et de la majorité.

Tous ses sentiments, M. de Falloux les exprima à Paris en 1880 à une réunion du comité catholique. Son discours est un rappel du passé, un hommage rendu au courage des lutteurs de 1850 dont les plus illustres avaient disparu, MM. Thiers, de Montalembert, Mgr Dupanloup, auxquels il associait le P. Lacordaire, et au courage des lutteurs actuels à qui il criait confiance. Ce cri répondait absolument à sa nature sur laquelle le découragement n'avait pas prise.

Si modifiée qu'elle soit, l'organisation de l'enseignement qu'avait préparée M. de Falloux n'a pas disparu en entier. Les particuliers autres que les membres des congrégations peuvent, en se soumettant à certaines prescriptions générales, ouvrir des établissements d'instruction. L'enseignement libre a perdu, avec la majorité de ses professeurs les plus érudits, le plus grand nombre de ses établissements; mais il subsiste en principe et le monopole de l'État a disparu définitivement; ce qui reste de liberté peut servir de base au relèvement de l'enseignement privé.

Le dernier mot en ces matières ne peut être dit par une législation qui gêne partout et rend parfois impossible la diffusion d'une instruction religieuse chère à une grande partie de la nation et même, pensons-nous, à sa majorité. La majorité du pays, dira-t-on, était légalement représentée par le Parlement qui a voté ces lois, mais était-elle très éclairée? n'était-elle pas égarée par l'ardeur de luttes récentes où la religion avait été représentée comme une ennemie ? Quelle sera d'ailleurs la majorité de demain et quel est l'auteur des lois présentées en 1879 et 1880 qui oserait affirmer qu'elles existeront encore dans vingt ou trente ans?

Rien n'est définitif dans les formes imposées dans le temps présent aux manifestations de la vie politique ou de la vie religieuse. Les diverses transformations que notre pays subit depuis près de cent ans sont autant d'étapes vers une organisation plus stable, qui d'ailleurs elle-même ne sera pas éternelle. Pourquoi ne pas croire que cette organisation sera respectueuse des droits de tous?

M. de Falloux avait raison de pousser un cri d'espérance dans son discours de 1880.

III

Le Catholique.

Les convictions religieuses de M. de Falloux, malgré leu profondeur et leur netteté, ne revêtaient pas la forme de l'intolérance ; elles se combinaient en lui avec un libéralisme, un désir de tenir compte des aspirations de son siècle, qui le préservaient de toute exagération.

D'un autre côté, elles ne l'absorbaient pas en entier et on a vu que l'idée monarchique tenait dans son esprit une vaste place. Si certains de ces adversaires [1] l'ont représenté comme étant plus catholique que royaliste, cela tient à ce que son action comme catholique a été plus apparente parfois et surtout plus continue que son action comme monarchiste, car, de gré ou de force, son parti suspendait parfois ses agissements, tandis que son activité était constamment sollicitée par la question religieuse : mais loin que la nature de ses idées religieuses le fît se renfermer en lui-même, il y puisait un nouveau motif de prendre part à l'action politique. Il n'était pas de ceux qui croient qu'il est indifférent

[1] V. Henri Martin, *Histoire de France depuis 1789*.

pour la religion de se développer sous un régime ou sous un autre. Il était assez libéral pour admettre qu'elle pût vivre avec toutes les formes de gouvernement, mais aussi assez observateur des faits contemporains pour percevoir que, dans l'état des partis, toutes n'auraient pas offert à son exercice la même somme de liberté.

Orateur dans les assemblées publiques ou dans les réunions privées, administrateur dans son court passage au ministère, écrivain toute sa vie, M. de Falloux sut toujours user des moyens légaux qu'il tenait des constitutions de 1830, 1848 et 1852. Il ne lui vint jamais à l'idée de ne pas agir sous le prétexte que son action était moins libre et devait être moins fructueuse qu'il ne l'eût désiré.

Dès sa jeunesse ses convictions religieuses se manifestèrent dans ses écrits avec ce mélange de considérations élevées et de conclusions pratiques qui le caractérisait. Trop éclairé pour ne pas saisir les grandes lignes des questions, trop consciencieux pour en négliger les détails, aimant à exposer les principes qui dominent la société catholique, mais trop logique pour ne pas tendre en même temps à développer la pratique de la religion, seule conclusion raisonnable d'une adhésion théorique, il apportait dans ce genre de questions une ardeur enthousiaste et communicative, jointe à un choix judicieux des sujets et des arguments.

Il prêtait l'oreille aux diverses opinions qu'il entendait formuler sur la question religieuse, il notait les objections les plus courantes et se rendait compte de la vigueur des anciennes préventions. Une fois qu'il était convaincu qu'un préjugé contre la religion était permanent et général, il s'y attaquait dans un écrit spécial. C'est ainsi qu'il fut amené à publier la vie de saint Pie V, des travaux sur la Saint-Barthélemy et sur Galilée, et de nombreuses brochures d'actualité.

Vers l'époque où paraissait sa biographie de Galilée, il arrivait à la vie publique et avait, peu de temps après, l'occasion de donner à ses idées un appui plus effectif. Nous avons déjà indiqué comment il avait organisé la représentation et garanti l'influence de la religion en matière d'instruction publique. Il nous reste à montrer son action dans la question papale pendant la durée de son ministère.

Cette action devait, en apparence, être restreinte, puisque M. de Falloux n'était ni président du Conseil, ni ministre des affaires étrangères, mais indépendamment de ce qu'il était ministre des cultes, ses opinions bien connues lui donnaient une autorité personnelle très considérable. Il représentait dans le ministère les idées catholiques et, au début, était peut-être de tous les ministres le seul qui eût une idée bien nette sur l'intervention dans les affaires de Rome. Pour M. de Falloux le respect du pouvoir spirituel de la papauté était l'essence même de ses convictions religieuses. Tous les écrits que nous avons cités en portent la trace. Mais il était en même temps partisan zélé du pouvoir temporel; il ne comprenait le pouvoir spirituel auquel il se soumettait sans réserve, qu'exercé dans la pleine indépendance dont le caractère universel de l'Église fait une nécessité, et quels que pussent être pour la papauté même les embarras résultant de la réunion dans la personne du pape des caractères de pontife et de roi, il croyait que cet inconvénient ne pouvait être mis en balance avec les avantages qui en découlaient pour la catholicité. Cette opinion, alors comme plus tard, ralliait non seulement tous les catholiques, sauf quelques exceptions absolument individuelles, mais tous les esprits modérés et sérieux, M. Thiers par exemple, et la pensée que le pape dépouillé de sa souveraineté temporelle jouirait de la même liberté spirituelle n'était défendue que par les ennemis plus ou moins déguisés de la religion. Indépendamment de toute conviction catholique ou de tout respect des convictions de la grande majorité du pays, il y avait à l'attitude de la plupart des hommes politiques, une raison de fait qui était l'existence même du pouvoir temporel et l'ancienneté de sa constitution; autre chose était, en effet, de savoir si au XIXe siècle on eût dû établir ce pouvoir s'il n'avait pas existé, autre chose, une fois qu'il existait, de le laisser détruire en sanctionnant une révolution qui, violente dès son origine, ne présentait dans son développement aucun des caractères de calme, d'unanimité et de dignité qui eussent pu lui concilier quelques sympathies.

Dans la question romaine M. de Falloux n'avait garde de négliger le côté purement français. L'histoire entière de la France la montre s'intéressant aux affaires d'Italie, soit qu'elle y cherche directement des avantages personnels, soit qu'elle n'ait pour but que d'empêcher la constitution au profit de puissances rivales d'une influence matérielle ou morale par trop prépondérante. Les traités de 1815 avaient donné à l'Autriche une position très forte dans la péninsule, et l'influence de ce pays serait devenue absolue si on l'avait laissé libre de régler seul la question romaine. Le même sentiment qui avait décidé en 1831 l'occupation d'Ancône dictait une conduite analogue.

Ces sentiments existaient, au préalable, dans l'esprit de M. de Falloux, mais la suite des faits en rendit la manifestation si naturelle que des hommes de partis différents se rencontrèrent avec lui dans une volonté commune[1].

Avant la chute du gouvernement de Juillet, le gouvernement pontifical se heurtait déjà à de telles difficultés que M. Guizot avait fait offrir au pape d'assurer son indépendance en occupant Rome ou un autre point des États pontificaux. Des concessions libérales, peut-être trop rapidement faites par le Saint-Père, faites surtout sans plan d'ensemble et sans que, d'avance, une limite précies leur eût été fixée, avaient soulevé chez le peuple romain dse espérances indéfinies, tout en ne laissant plus au pape pour résister aux revendications, présentées comme une conséquence de ses propres réformes, qu'une administration désorganisée et sans confiance en elle-même.

Après la révolution de 1848 l'effervescence contre l'Autriche avait revêtu plus nettement le caractère d'une lutte nationale dont le Piémont avait pris la direction. Le pape avait donc à compter

1 Voir l'*Expédition de Rome en 1849*, par M. L. de Gaillard.

avec ce sentiment italien, vif surtout dans les populations de ses Etats les plus éloignées de Rome, comme celles des Romagnes. Les meneurs du mouvement mêlaient habilement dans leurs revendications l'expression de leur haine contre l'Autriche, de leur amour pour le saint-père et de leur désir impérieux de concessions libérales ou révolutionnaires. Dans le cours de l'année 1848, le Saint-Père fut plusieurs fois moralement contraint à des mesures qu'il n'eût pas adoptées dans la plénitude de sa liberté. La preuve de cette pression insupportable est dans le fait qu'en août le pape fit réclamer l'intervention française; le général Cavaignac ne voulut pas en prendre la responsabilité dès cette époque. C'est alors que le Saint-Père choisit comme ministre l'ancien ambassadeur de France, le comte Rossi, qui arrivait au pouvoir avec l'idée de faire fonctionner à Rome une sorte de régime constitutionnel; vu l'état des partis il aurait certainement succombé dans sa tâche, si le poignard d'un assassin resté inconnu n'eût mis fin, le 15 novembre 1848, à sa carrière si agitée.

Cet assassinat fut le signal d'un mouvement dont les chefs avouaient hautement les buts principaux : le renversement du pouvoir temporel et la guerre à l'Autriche. Le pape ne pouvait adhérer à ce programme et sa personne même n'était plus dès lors en sûreté. Il exprima à notre ambassadeur le désir de se réfugier en France. A ce moment même le gouvernement du général Cavaignac prenait l'initiative d'une offre d'hospitalité, faisait partir pour Rome M. de Corcelles, comme plénipotentiaire chargé de porter cette offre au pape, et donnait l'ordre d'embarquer pour Civita-Vecchia une brigade française. Le 27 novembre, MM. Ledru-Rollin et Jules Favre demandèrent à la tribune de l'Assemblée nationale des explications sur la mission de Corcelles. Ils prétendaient que l'on serait forcément amené à s'occuper du relèvement du pouvoir temporel, du moment qu'on avait la prétention de rétablir l'autorité spirituelle. Sur ce point il faut convenir qu'ils avaient absolument raison. En dehors des membres du gouvernement, M. de Montalembert le reconnut en s'en félicitant, et les explications portées à la tribune par le général Cavaignac et par M. Dufaure, ministre de l'intérieur, étaient insuffisantes à former la conviction contraire. On sait que le pape ne donna pas suite à son projet de se rendre en France et partit pour Gaëte où le suivirent les représentants des puissances, puis M. de Corcelles; la brigade française resta à Toulon et la République fut proclamée à Rome.

On était en France à la veille de l'élection présidentielle et les deux candidats cherchaient à se concilier l'opinion, c'est-à-dire les voix, des catholiques. Devant les événements nouveaux, le général Cavaignac avait pris d'abord nettement le parti de l'intervention, puis sur l'annonce de la fuite à Gaëte avait suspendu toute action militaire; cette attitude assez habile avait montré son désir de protéger la personne même du Saint-Père tout en lui laissant en définitive, vis-à-vis des hommes de la gauche, l'avantage de ne pas intervenir pour comprimer ou modérer un mouvement populaire. Le prince Louis-Napoléon n'était pas à l'Assemblée le jour où l'on avait voté l'expédition à Civita-Vecchia, mais le lendemain il écrivit aux journaux le *Constitutionnel* et la *Presse* une lettre où il déclarait qu'il eût voté contre l'intervention. Cette lettre produisant un mauvais effet, il en adressa une nouvelle au nonce, peu de jours après, pour désavouer son cousin, le prince de Canino, dans ses entreprises contre le pouvoir temporel. Nous signalons ces attitudes successives des deux candidats à la présidence pour montrer combien étaient peu nombreux à cette date les partisans d'une intervention bien nette.

Le prince Louis-Napoléon nommé président et ayant constitué son premier ministère, où entrait M. de Falloux, la ligne de conduite ne fut pas d'abord beaucoup plus décidée que précédemment. Beaucoup de membres de la majorité de l'Assemblée étaient hésitants sur le parti à prendre. Ils sentaient tous que le pape devait être de nouveau mis en position d'exercer son autorité spirituelle, beaucoup désiraient le rétablissement de son autorité temporelle; le plus grand nombre s'y résignait au moins;

mais ces sentiments divers étaient loin d'être formulés nettement et produits au grand jour.

Les membres de la gauche, nettement hostiles au pouvoir temporel, proclamaient cependant le droit pour la France de travailler à rétablir l'autorité spirituelle du Saint-Père ; mais, partisans avoués de la République romaine, ils n'auraient accepté qu'une intervention paralysée d'avance et précédée de déclarations compromettantes sur le droit des Romains à choisir eux-mêmes leur forme de gouvernement. Leur calcul était à la veille des élections, de rassurer les catholiques en soutenant le pape en tant que chef de la religion et de conserver les voix républicaines en le combattant en sa qualité de souverain. Comment ces deux idées pouvaient-elles se concilier? c'est ce que leur position toujours commode d'opposants leur permettait de ne pas indiquer. On peut croire d'ailleurs que, une fois le scrutin passé, ils auraient fait bon marché de la première partie du programme.

Le gouvernement avait le devoir d'adopter une opinion définitive et de la faire passer dans l'ordre des faits. Le président et son ministre des affaires étrangères, M. Drouyn de Lhuys[1], désiraient, le premier très vivement, l'intervention du Piémont dans l'État romain. Parmi les puissances catholiques qui pouvaient intervenir au même titre que la France, il n'est pas besoin d'expliquer pourquoi ils repoussaient l'Autriche, notre vieille rivale en Italie ; ils redoutaient aussi l'influence absolutiste du gouvernement de Naples, si le Saint-Père était rétabli par ses armes ; ils auraient admis l'intervention de l'Espagne, mais l'Espagne était bien loin de Rome. En définitive, le Piémont, qui ne pouvait s'entendre pour une intervention commune avec Naples, leur paraissait, même seul, le meilleur agent de la restauration pontificale ; ce petit royaume, qui ne demandait qu'à jouer un rôle, leur plaisait par le libéralisme d'ailleurs nouveau de ses institu-

1 Voir *Les quatre ministères de M. Drouyn de Lhuys*, par le comte B. d'Harcourt, ancien ambassadeur.

tions et par son antagonisme contre l'Autriche. Avant tout, ils désiraient éviter les difficultés de politique intérieure qu'eût fait naître une expédition française.

Cette politique manquait certainement de grandeur. Il était peu digne de la France de ne pas intervenir ouvertement dans une question où elle se croyait intéressée. Les hommes qui, comme M. de Falloux, trouvaient qu'une de ses plus glorieuses traditions était son rôle de fille aînée de l'Église, ne pouvaient voir sans douleur qu'elle renonçât, pour elle-même, à la gloire de l'intervention et qu'elle en diminuât l'efficacité en la confiant à un allié subalterne; il pensait que les peuples ont comme les individus des obligations morales dont l'oubli a des conséquences aussi graves que le dédain des intérêts matériels. Cette opinion, que sa position lui donnait le droit et le devoir d'exprimer dans le conseil des ministres, il eut de plus l'occasion directe de l'exposer dans ses entretiens avec l'abbé Gioberti, ministre du Piémont, venu à Paris pour décider cette intervention piémontaise soutenue par la France. L'abbé Gioberti s'efforça de le convaincre dans plusieurs rencontres, mais M. de Falloux trouvait et dit que « prétendre cacher la France derrière le Piémont, c'était vouloir cacher un géant derrière un brin d'herbe », et que ce système « nous laisserait tous les inconvénients de la solidarité sans nous donner les avantages de la liberté d'action[1] ». D'ailleurs cette intervention piémontaise était formellement rejetée par le pape qui reprochait au gouvernement de Turin de pactiser avec la révolution soit à Rome soit à Florence, et par le gouvernement provisoire de Rome qui voulait avant tout déclarer une deuxième fois la guerre à l'Autriche, extrémité à laquelle le Piémont n'était pas encore décidé. On n'aurait donc pu en tout cas donner suite à cette idée que dans des conditions bien mauvaises. Mais avant que la question fût décidée, le roi Charles-Albert se laissa entraîner à la guerre. Sa défaite

[1] Voir *Antécédents et conséquences de la situation actuelle*, par le comte de Falloux, Paris, chez Douniol, 1861.

complète à Novare ôta au Piémont toute possibilité d'intervenir à Rome. Cette défaite amena immédiatement l'intervention française, par la crainte qu'elle inspira d'une action particulière de l'Autriche. Même à ce moment, les divers sentiments que nous avons exposés plus haut empêchaient de proclamer que l'expédition devait aboutir au renversement de la République romaine. Les membres du cabinet, MM. Drouyn de Lhuys et Odilon Barrot, qui prirent la parole soit le 30 mars dans l'interpellation qui se termina le 31 par un ordre du jour autorisant l'intervention, soit le 17 avril, lors de la discussion des crédits; le général de Lamoricière le 17 avril, ne parlèrent que de « ramener le pape à Rome », sans s'expliquer sur la destruction ou la conservation de la République romaine, et M. Odilon Barrot dans la séance du 17 avril refusa même de se prononcer sur la conduite qu'il suivrait si la République romaine refusait à nos troupes l'entrée de Rome.

Nous n'avons pas à raconter les détails de l'expédition même, et comment à la suite de « l'affaire du 30 avril » devant Rome, le président se trouva amené à lui assigner enfin comme but dernier, la prise de Rome et le renversement du gouvernement révolutionnaire qui y régnait.

Nous avons déjà dit, et l'exposé des faits montre que M. de Falloux était le seul ministre qui eût dès le début le désir de l'intervention dans les conditions où elle se produisit définitivement. Ce sentiment ne prouve pas tant ses convictions catholiques qu'un sens politique sûr et profond et un esprit de décision qui lui était habituel. Dans ses *Mémoires*, M. Odilon Barrot constate cette opinion de M. de Falloux et dit « qu'il ne laissait guère passer de séance du Conseil sans y poser cette question d'intervention ». On ne se figure, en effet, M. de Falloux ni ayant une autre opinion, ni se bornant à conserver son opinion au fond de son esprit sans chercher à la servir. Mais les circonstances que nous avons exposées, non pour allonger ce récit, mais pour dépeindre le milieu où agissait M. de Falloux, expliquent la réserve de son action extérieure. S'il ne prit part dans l'Assemblée constituante à aucune des discussions publiques, c'est non seulement parce que son action était moins indiquée que celle du président du Conseil et du ministre des Affaires étrangères, mais aussi parce que sa seule apparition à la tribune pour traiter un tel sujet eût suffi, vu son désir bien connu de l'intervention, à indisposer une grande partie des représentants. Après la réunion de l'Assemblée législative, son attitude pouvait changer devant une majorite acquise à ses idées. Peu soucieux de l'extérieur du pouvoir, il ne chercha cependant pas à se mettre en avant et, par exemple, ne prit pas la parole le 12 juin pour répondre à M. Ledru-Rollin. Ce fut seulement lors de la discussion de l'interpellation Arnaud, de l'Ariège (6 août), que la perfidie et la violence des accusations dont il fut l'objet le forcèrent à monter à la tribune. Déjà, M. de Tocqueville avait répondu la veille à M. Arnaud, de l'Ariège; il s'agissait maintenant de répondre à un discours très long, très étudié, très complet, mais aussi très acrimonieux de M. Jules Favre. M. de Falloux qui, dans la séance du 24 mai, avait déjà fait sentir à M. Ledru-Rollin sa vigueur de riposte, montra de nouveau dans son début qu'il était non seulement de bon goût mais prudent de ne pas le provoquer par des personnalités trop blessantes ; ce point réglé, il traita la question romaine, soit au point de vue des faits récents, soit au point de vue des principes permanents qui la dominent. Sur la papauté, sur son rôle antique et nécessaire, il exposa des théories d'homme d'état et de catholique. Il dit hautement sa pensée et ce dut être pour lui une puissante satisfaction que de donner libre cours aux sentiments qu'il avait dû taire jusqu'alors.

M. de Falloux ne parut plus comme ministre dans la question romaine que lors de l'incident de la « lettre à Edgar Ney », où il eut une nouvelle occasion de montrer la fermeté de son caractère.

Le président désirait éviter les attaques de la gauche qui l'accusait de ne pas exiger du gouvernement pontifical des concessions libérales suffisantes. Pour exercer une pression indirecte sur le pape et son entourage, il énuméra dans une lettre adressée à un de ses aides de camps, envoyé en mission près du général Rostolan, successeur du général Oudinot, les réformes que, selon lui, le Pape devait réaliser pour prix du concours des armes françaises. Le général Rostolan empêcha la publication de cette lettre à Rome, sûr du mauvais effet qu'elle produirait; mais, à la suite de divers incidents, elle parut dans le *Moniteur* toscan, puis dans le *Moniteur* français. A la cour pontificale de Gaëte, l'effet de cette manifestation, si contraire aux usages diplomatiques, fut déplorable, et son premier résultat fut d'ajourner le retour à Rome du pape qui ne voulait paraître céder à aucune pression étrangère. En France, l'effet fut divers suivant les camps, mais en tout cas l'étonnement fut grand de voir un ministère dont M. de Falloux faisait partie autoriser un acte aussi irrespectueux vis-à-vis du Saint-Père; or, une note insérée dans la *Patrie*, pour couper court à toute polémique, affirmait que M. de Falloux avait approuvé la lettre du président. En réalité, voici les faits. La lettre n'avait pas été soumise au Conseil des ministres; elle avait seulement été montrée à MM. de Tocqueville et de Falloux d'une manière officieuse et sans qu'il fût fait allusion à sa publication. M. de Falloux avait insisté sur le caractère privé de ce document qui heurtait toutes ses idées; le président avait reconnu ce caractère et échappé ainsi à toute observation de la part des deux ministres. Puis M. de Falloux était parti pour un séjour aux eaux: la publication de la lettre avait été faite en son absence et il ne l'apprit que dans son voyage de retour de Néris à Paris. Dès son arrivée, il courut porter sa démission au président, mais celui-ci, par une de ces volte-faces dont il avait l'habitude, se déclara prêt à lui donner toute satisfaction: d'un commun accord, on rédigea une note qui fut insérée au *Moniteur* du 10 septembre, à la suite de celle de la *Patrie*, et dans laquelle l'exactitude des faits était péremptoirement rétablie.

Le désaveu que le président s'infligeait ainsi à lui-même devint l'objet des commentaires de la presse, commentaires qui, sans doute, ne contribuèrent pas à augmenter l'attrait du président pour le ministre dont l'attitude les avait provoqués. D'un autre côté, dans son rapport mémorable du 13 octobre sur la demande de crédits extraordinaires pour le corps expéditionnaire de la Méditerranée, M. Thiers ne fit aucune mention de la lettre du président. Les ministres qui prirent la parole dans cette discussion, MM. de Tocqueville et O. Barrot, en parlèrent, mais sans l'appuyer d'une manière absolument dépourvue de réserves, et, quand M. Victor Hugo soutint un ordre du jour qui en proposait nettement l'approbation, cet ordre du jour fut repoussé par quatre cent soixante-neuf voix contre cent quatre-vingt. Les froissements du président à cette occasion, joints au progrès de ses visées ambitieuses, le déterminèrent à changer son ministère. Au moment où, pour des raisons de santé, M. de Falloux lui adressait sa démission, il la lui réclama le 24 octobre 1849; les deux lettres se croisèrent. Ce n'était qu'un premier pas et, le 1er novembre, tout un nouveau ministère parut au *Moniteur*, ministère que le président, dans un message lu à l'Assemblée, annonçait comme « composé d'hommes qui comprennent la nécessité d'une direction unique et ferme et d'une politique nettement formulée, qui ne compromettent le pouvoir par aucune irrésolution, qui soient aussi préoccupés de ma propre responsabilité que de la leur et de l'action que de la parole ». Cette évolution dans la voie de la politique personnelle eût eu lieu en tous cas; l'incident de la lettre à Edgar Ney n'était que la goutte qui fit déborder le vase.

Donc M. de Falloux, de son fait et par la volonté du président, n'était plus ministre. Pendant la fin de son mandat de représentant, la question papale s'était apaisée et il n'eut plus à y prendre une part publique. Il ne reparut sur la brèche que lorsque, sous le second Empire, le mouvement italien, détourné de son but, s'attaqua au pouvoir temporel du pape. La seule arme qu'il eût entre les mains était alors la presse, bien peu libre d'ailleurs. Il publia coup sur coup plusieurs brochures, la plupart dans le *Correspondant;* ce sont en 1859 : *la Question italienne;* en 1860, *la Question romaine : du Devoir des catholiques*, et une seconde intitulée *Antécédents et Conséquences de la situation actuelle;* en 1864, une introduction aux *Lettres* du P. Lacordaire à Mme Swetchine qui traitait de nouveau ces questions et un travail sur *la Convention du 15 septembre;* en 1865, *l'Itinéraire de Paris à Rome;* en 1867, *Monte-Rotondo et Mentana.*

Nous avons exposé ses idées et, sans que nous les analysions en détail, on devine quelles protestations nettes et bien développées lui arrachèrent les événements successifs qui menèrent à la spoliation du Saint-Père. Tous l'atteignaient dans ses sentiments les plus chers. C'est le protocole inattendu du traité de Paris se terminant en une menace contre le Saint-Père et le roi de Naples; en 1859, l'insurrection à Bologne et en Toscane, à Parme et Modène; en 1860, l'annexion par le Piémont d'une partie du territoire pontifical et des duchés, malgré les engagements pris à Villafranca et à Zurich; puis l'expédition des Mille, ouvertement préparée en Piémont, suivie de l'envahissement des Marches et de l'Ombrie par Victor-Emmanuel, de la bataille de Castelfidardo et de l'annexion des provinces pontificales envahies; en 1864, c'est la convention de septembre, présentée en France comme un acte de défense du Saint-Siège, mais qui consacrait indirectement les précédentes spoliations, renfermait en elle-même des *casus belli* non définis et ne devait pas d'ailleurs être observée par le gouvernement italien.

Si ces événements lui semblaient déplorables en eux-mêmes, ils excitaient de plus son indignation par la manière déloyale dont ils étaient préparés et exécutés. L'histoire dira si tous les moyens sont bons pour la conquête de l'indépendance et si le mépris de la parole jurée, l'organisation de la révolution dans des royaumes alliés, l'envahissement peu glorieux d'un territoire dont le souverain n'a qu'une armée numériquement insignifiante, le désaccord constant entre les protestations officielles et les actes sont une base honorable pour la création d'une nationalité nouvelle. Les discours et les écrits de M. de Falloux prouvent qu'il n'était pas opposé aux aspirations de l'Italie en ce qu'elles avaient de raisonnable : il indique à plusieurs reprises qu'un remaniement complet de la carte européenne, qui, donnant à l'Autriche des compensations en Orient, luî permettrait d'abandonner ses provinces italiennes, lui paraissait devoir être recherché.

Qu'on veuille bien à ce sujet remarquer que peu d'années après 1866, l'Autriche cherchait une compensation à ses pertes antérieures dans l'occupation de la Bosnie et l'on reconnaîtra que les vues de M. de Falloux sur la manière pacifique et définitive de libérer le nord de l'Italie renfermaient au moins une indication juste. Mais si M. de Falloux eût été disposé à régler avec le temps la question italienne, on ne peut s'étonner qu'il n'ait pas sanctionné la politique révolutionnaire qui dépouillait le pape et le roi de Naples.

Cette politique, en ce qui concernait la France même, M. de Falloux la combattait pour deux raisons. C'était l'abandon brusque et définitif du rôle héréditaire de défenseur de la papauté ; à ceux qui lui objectaient la convention de septembre protégeant les restes du royaume pontifical, il répondait qu'une première spoliation mènerait infailliblement à la spoliation totale, et l'on sait comme les événements lui ont donné raison sur ce point. Il dénonçait les dangers de l'unité italienne en elle-même et comme prélude de l'unité allemande. Il rougissait pour la France en la voyant garantir un jour l'intégrité des possessions du Saint-Père, se résigner si facilement le lendemain au démembrement de ces possessions, et donner publiquement des témoignages de sa versatilité politique et de son manque de principes. Sans être trop étonné d'une conduite dont les hésitations personnelles du président en 1849, pouvaient déjà faire naître le soupçon, il en était douloureusement affecté.

Nous avons parlé jusqu'ici de M. de Falloux à l'occasion de questions publiques, intéressant le monde catholique entier, de questions sur lesquelles, n'eût-il pas été sincèrement catholique, il eût dû formuler une opinion et pu avoir la même que celle que nous avons exposée. Il nous reste à montrer son action dans les questions religieuses pour ainsi dire intérieures.

L'unité du dogme est la grande force du monde catholique, mais l'unité de conduite est loin d'y être prescrite. La religion catholique par son universalité même est forcée de s'adapter à des milieux bien différents, et c'est justement dans ces questions d'adaptation aux différentes nationalités ou aux législations successives d'un même pays, que les tendances d'esprit les plus variées se font nécessairement jour. Si en France les vieilles querelles de l'ultramontanisme et du gallicanisme ont disparu avec les causes qui les expliquaient, il reste encore dans ce qu'on pourrait appeler la politique catholique bien des positions diverses à prendre. M. de Falloux fut ce que l'on a appelé un catholique libéral, un homme de transaction ; transaction ne veut pas dire une adhésion à une doctrine réprouvée, mais une renonciation temporaire à un triomphe absolu en considération des conquêtes immédiatement obtenues et consolidées. Si le « tout ou rien » est une politique, on admettra bien que le « plutôt quelque chose que rien » en soit également une, à condition qu'il ne s'agisse pas des principes, mais de leur application.

On a vu son attitude dans les questions d'instruction publique.

Lorsque parut le Syllabus, il applaudit à l'initiative de Mgr Dupanloup fixant pour les esprits de bonne foi la portée de définitions doctrinales nécessairement absolues et générales dans leurs termes comme les principes dont elles découlaient, mais ne changeant rien en fait aux dispositions déjà connues de l'Église vis-à-vis des sociétés modernes.

Au moment de la convocation du concile, M. de Falloux était parmi les catholiques qui contestaient l'opportunité de la proclamation de l'infaillibilité.

Citer ces exemples et dire qu'il fut catholique avec le P. Lacordaire, Mgr Dupanloup, Montalembert et Cochin est suffisant pour indiquer par qui et avec quelle véhémence il fut attaqué ; nous avons d'ailleurs déjà nommé l'*Univers* en parlant de la loi sur l'enseignement. Cet homme dénoncé d'un côté comme partisan de l'inquisition fut traité comme une sorte d'hérétique par une fraction des catholiques.

Deux brochures de M. de Falloux, l'une, la plus considérable, parue dans le *Correspondant* en 1856 : *le Parti catholique*, et l'autre écrite en 1878 : *la Contre-révolution*, exposent ses idées sur la forme à donner à l'action catholique. Nous avons déjà parlé de la seconde aussi politique que religieuse ; l'analyse du *Parti catholique* suffit d'ailleurs à remplir notre but qui est de bien faire comprendre l'attitude de M. de Falloux.

La première partie est consacrée à l'historique de la politique catholique en ce siècle. L'auteur déplore l'union maladroite de l'Eglise et de l'État sous la Restauration, union qui nuisit aux deux partis. Il constate que sous le régime de Juillet, une conduite opposée permit aux catholiques de conquérir, par les seuls moyens légaux, une forte situation dans le pays et dans le Parlement et ceci malgré l'indifférence ou l'hostilité qui environnaient le clergé dans les années qui suivirent 1830. L'heureux effet de cette conduite prudente se fait sentir en 1850, quand d'anciens adversaires de l'enseignement libre concourent à l'organiser, aussi rassurés sur les tendances et l'action du parti catholique qui devait en profiter, qu'ils en étaient effrayés quelques années auparavant.

La discussion de la loi de 1850 et, après son vote, les débats auxquels donnèrent lieu son application et ses résultats, mirent au jour les divisions existant entre les diverses fractions du monde catholique, divisions qui ne devaient plus aller qu'en s'accentuant. Elles existaient déjà autrefois; dans les luttes soutenues sous le régime de Juillet pour la liberté de l'enseignement, tous les catholiques, laïques ou membres du clergé, n'avaient pas la même attitude, mais les dissenssions s'atténuaient un peu en présence de l'ennemi commun et du but identique poursuivi. La victoire seule permit à chaque fraction des catholiques de prendre une attitude séparée, et cette scission ne se fit pas avec le calme et la dignité désirables. Sans doute les catholiques modérés et les catholiques intransigeants étaient tous au fond des catholiques sans épithète, mais ils différaient tellement sur la forme de l'action, que le désaccord fut permanent.

A partir de ce moment, il n'est pas de question sur laquelle l'*Univers*, organe des catholiques intransigeants, ne soit en désaccord avec les catholiques libéraux, qui s'étaient assuré la direction du *Correspondant*. L'*Univers* s'était rallié à l'Empire et affirmait son dévouement à ce régime dans toutes les occasions. Remontant le cours de ce siècle, il niait que la Restauration eût résolument servi le catholicisme et que le régime parlementaire eût produit quelques bons résultats de 1815 à 1848. M. de Falloux trouvait qu'identifier la religion à un régime quelconque était mauvais, et surtout à un régime que rien ne désignait comme devant en comprendre les besoins réels.

L'*Univers* attaquait continuellement les réformes de 1789, non seulement en précisant ses attaques, mais d'une manière générale, sans faire les réserves et donner les explications que nécessite une pareille question. M. de Falloux trouvait imprudent d'arborer un drapeau aussi rétrograde, alors, qu'en fait, on ne pouvait ni ne voulait renier la plupart des réformes de cette époque. Il faisait remarquer que ce n'était sans doute pas en s'inféodant au nouvel empire que l'*Univers* avait la prétention de résister bien énergiquemen à l'esprit de 1789.

L'*esprit moderne*, soit en matière politique, soit en matière religieuse, était, du reste, le principal ennemi des catholiques intransigeants. Or ce qu'ils traitaient aussi dédaigneusement était pour les catholiques modérés la condition même de toute action fructueuse. La conciliation, le respect des convictions d'autrui, la conclusion d'alliances, la patience semblaient à ces derniers les seuls moyens d'obtenir un résultat quelconque. Pour un peu, l'*Univers* aurait taxé cette conduite de malhonnête, il traitait de perfides alliés les hommes qui s'étaient unis aux catholiques pour une action commune et proclamait souvent l'incompatibilité entre l'Église et les aspirations de ce temps.

L'*Univers* semblait prendre plaisir à réveiller toutes les querelles anciennes faites au catholicisme, non dans un but d'apaisement,

5

mais pour y chercher des arguments pour les discussions présentes. Il prenait sur ces différents points une attitude provocante peu faite pour le prosélytisme et la bonne entente. La Saint-Barthélemy, l'Inquisition, l'Édit de Nantes et sa révocation, tous les points délicats de l'histoire furent étudiés par lui dans cet esprit. La même intransigeance, la même violence, se retrouvaient dans les jugements portés sur les personnes. Cette ardeur était selon l'*Univers* courage et franchise ; M. de Falloux y voyait surtout maladresse et désir d'attirer l'attention. Il faisait d'ailleurs une distinction très judicieuse entre l'action du livre et de la chaire, et l'action du journal. Le livre a la place voulue pour faire suivre une opinion qui peut paraître hasardée de l'explication nécessaire ; dans la chaire, le prédicateur s'adresse à un public volontairement respectueux : le journal n'agit dans aucune de ces conditions et doit être d'autant plus réservé.

Enfin M. de Falloux reprochait à l'*Univers* l'abus des considérations mystiques. A tout propos, disait-il, qu'il s'agît de politique pure ou de politique religieuse, d'un livre, d'un discours, d'un homme, l'*Univers* pour foudroyer son adversaire faisait intervenir Dieu, les livres sacrés, les Pères de l'Église, souvent avec plus d'ardeur que d'à propos. Le catholicisme de M. de Falloux était plus réservé et moins dogmatique, quoique aussi éclairé et aussi ferme sur les principes.

Dans le *Parti catholique* et dans la *Contre-révolution*, M. de Falloux combattait l'exagération de son propre parti. Un dernier travail paru en 1880, *l'Unité nationale*, eut pour but de protester contre les assertions de certains adversaires du catholicisme qui le représentaient comme contraire au patriotisme. M. de Falloux n'eut pas de peine, dans une revue rapide de l'histoire de France à montrer l'inanité de cette accusation. Il en profita pour revendiquer hautement pour la société catholique la liberté d'exercer tous ses droits dans la plénitude de son indépendance et fit remarquer avec preuves à l'appui, combien était fausse l'idée nouvelle d'arriver par l'éducation à l'uniformité des idées politiques.

Nous espérons avoir donné une idée exacte de ce qu'était M. de Falloux au point de vue religieux. Il était absolument soumis en ce qui concernait le dogme catholique et la pratique de la religion, mais il ne croyait pas que l'indépendance dans le jugement de la politique religieuse fût nuisible à la Papauté ou à l'Église de France; il ne croyait pas non plus que l'étroitesse d'esprit, la crainte de la lumière et du progrès fussent des vertus. Il jugeait que l'Église est assez puissante pour ne pas être affaiblie par les concessions faites, dans le domaine des faits, à la société civile, dont elle ne peut conserver la haute direction, qu'à la condition de ne pas sembler en être ennemie de parti pris. Il avait, d'ailleurs, la conviction absolue de représenter ainsi l'esprit véritable de la Papauté et ses efforts tendaient surtout à ce que cet esprit ne fût pas défiguré par un zèle intempestif ou une inimitié acharnée.

IV

L'Écrivain, l'Orateur.

Le caractère particulier de M. de Falloux comme écrivain, ressort de ce fait que, n'ayant voulu jusqu'à présent exposer que ses actes, nous avons eu constamment à parler de ses écrits. La plupart de ses ouvrages tendaient à un but précis, le plus souvent immédiat, aussi directement que les démarches, les discours et les négociations de chaque jour. Ce n'était pas un érudit, ni un littérateur de profession : ce n'était pas non plus vraiment un historien, bien que plusieurs de ses œuvres portent la trace de l'étude sérieuse et de la compréhension très exacte des événements historiques. Quand, par la force des choses, il prit une part moins directe à l'action politique, c'est à l'agriculture et non aux lettres qu'il consacra ses facultés. Mais toutes les fois qu'il poursuivit un but politique ou religieux, il considéra sa plume comme une de ses meilleures armes et en usa fréquemment, habile à en varier l'emploi.

Cependant, quelques-unes de ses œuvres, vu leur date, leur importance, l'époque qu'elles considèrent ou le sentiment d'amitié qui les a dictées ne peuvent être regardées comme des actes de polémique courante. Elles tendent aussi au triomphe de ses idées monarchiques et religieuses, mais d'une manière plus générale, et si nous avons eu déjà occasion de les nommer, elles méritent une étude spéciale.

M. de Falloux n'avait que vingt-six ans environ quand il composa son *Louis XVI*. Il dit dans la préface avoir été conduit à traiter ce sujet par cette considération que parmi les nombreuses histoires de Louis XVI les unes s'occupaient presque exclusivement du récit des événements de cette époque en laissant de côté la personnalité du roi, et que les autres, ayant bien pour objet de la mettre en relief, tournaient le plus souvent au simple panégyrique. Il se propose d'éviter ce double écueil et d'étudier la personne même de Louis XVI avec une respectueuse impartialité. Plus tard, dans ses *Mémoires*, M. de Falloux écrit : « Si j'avais entrepris d'écrire la vie de Louis XVI à la fin de ma carrière au lieu de l'écrire pour mon début, j'aurais, je l'espère, marqué avec plus de fermeté des traits trop superficiellement indiqués. J'aurais fait ressortir davantage que ce fut la longue désuétude des États généraux qui créa le danger de 1789; j'aurais insisté davantage sur l'aveuglement prolongé et par conséquent sur la responsabilité des classes privilégiées... » Nous ne pouvons, pour notre part, regretter la conception première de la vie de Louis XVI. Il nous semble que l'idée exprimée dans ses *Mémoires* par M. de Falloux l'aurait directement conduit au premier des défauts signalés par lui-même dans la préface de son ouvrage. Or, quel besoin existait-il qu'un historien nouveau fît ressortir qu'il eût été prudent et politique de convoquer les États généraux plus fréquemment que le firent nos anciens rois, et que lors de l'assemblée des notables de 1787, les classes privilégiées eussent fait preuve de clairvoyance en abandonnant des privilèges justifiés jadis par leurs services; ce sont là des vérités hors de discussion. Il n'était pas au contraire inutile de mettre en relief le caractère de Louis XVI encore mal connu à cette date. Entre les admirateurs sans réserve et les ennemis de parti pris, il y avait une place à prendre. Les premiers, par le seul fait que Louis XVI était roi et qu'il fut malheureux, lui attribuaient un ensemble de qualités dont il n'eut qu'une partie : les autres lui étaient systématiquement hostiles, niaient son intelligence, bafouaient sa faiblesse dont les motifs élevés leur échappaient et tiraient d'erreurs qui lui furent propres des conclusions peu logiques contre la Monarchie même.

La vérité est que le roi Louis XVI était aussi intelligent et plus instruit que la plupart de ses prédécesseurs et de ses successeurs, qu'il avait au plus haut point l'honnêteté, la bonne volonté et l'amour du bien public et que si, doué d'aussi rares qualités, il n'arriva pas à dompter la crise si nouvelle que traversaient alors la Royauté et le pays entier, cela tint à un défaut unique, ou plutôt à quelques défauts du même genre : le manque de décision qui le faisait trop longtemps hésiter entre les diverses mesures à prendre, le manque de fermeté qui l'empêchait parfois de choisir la plus énergique et surtout, car il dompta souvent ces deux premières tendances, le manque de ténacité par suite duquel il lui arriva constamment de revenir sur un ordre donné et de ne pas soutenir énergiquement les hommes qui le servaient. Décision, fermeté, ténacité, que le roi eût eu ces trois qualités, formes diverses de la volonté, et la Révolution se déroulait pacifiquement, la France arrivait vingt ans plus tôt à un régime politique analogue à celui que lui assura plus tard la Restauration, elle avait en moins la gloire inouïe mais aussi les désastres sans précédents de la période napoléonienne, elle conquérait peut-être avec plus de lenteur mais pacifiquement toutes les libertés civiles et conservait l'habitude d'une stabilité dont l'absence a été en ce siècle si fatale à son développement et à son influence. En effet, aucune incompatibilité n'existait entre la nation encore si imprégnée de l'esprit monarchique et un roi aussi dévoué à son bonheur et prêt aux concessions que Louis XVI. La chute de la monarchie, toutes les violences qui la précédèrent ou qui la suivirent, n'étaient peu de temps avant leur exécution dans l'esprit de personne. Les meneurs s'enhardirent à chaque faiblesse du roi et arrivèrent peu à peu à un résultat que de sang-froid ils n'avaient pas intérêt à souhaiter.

C'est ce qui ressort du livre de M. de Falloux. Il nous raconte l'enfance laborieuse, l'heureux mariage, la vie de famille du Dauphin, son effroi en arrivant jeune au trône et le combat commençant aussitôt entre une intelligence juste et un caractère faible. M. de Falloux nous montre MM. Turgot, de Malesherbes, Necker, appelés dans les conseils du roi, puis renvoyés; Voltaire rentrant d'exil et Beaumarchais autorisé à faire représenter le *Barbier* malgré la répugnance bien connue et les premiers refus du roi; les édits présentés par le ministère de Brienne à l'Assemblée des notables qui les vote, enregistrés dans un lit de justice, puis retirés lorsque le roi se décide à convoquer les États généraux; Necker rappelé quoique considéré par le roi comme dangereux; le doublement du tiers état dans les États généraux accordé, quoique l'édit de convocation n'eût été enregistré que sous la condition de l'observation des formes suivies en 1614; les difficultés éclatant dès la réunion des États entre les divers ordres relativement au mode de délibération, la séance du 23 juin où le roi parle avec une énergie suivie bientôt devant la résistance du tiers d'une nouvelle concession; le second renvoi de Necker, la prise de la Bastille et l'émeute obtenant le rappel du ministre et l'éloignement des troupes du maréchal de Broglie; l'Assemblée nationale se déclarant en permanence jusqu'à l'achèvement de la Constitution, quoique les pouvoirs de beaucoup de députés fussent limités à un an: le roi sanctionnant malgré ses scrupules la constitution civile du clergé; plus tard, le refus de sanction des décrets relatifs à la formation d'un camp de vingt mille hommes sous Paris et au bannissement des prêtres non assermentés, refus suivi de la journée du 20 juin 1792.

Mais M. de Falloux ne fait pas ressortir l'irrésolution du roi sans en démêler les motifs élevés; s'il reconnaît que Louis XVI « subissait les événements au lieu de les diriger », il montre qu'il ne « sacrifia jamais ses convictions à son repos ou à l'importunité » et que « ce n'était jamais sur le bien connu que portaient ses hésitations, mais sur le choix des moyens », qu'il ne cédait pas « au préjudice du vrai ou du juste pour se soustraire à de certains inconvénients ou éluder de certains combats ». Il nous le fait voir pesant avec une conscience rare les termes de son manifeste lors de la déclaration de guerre à l'Angleterre. Il dit sa joie et ses espérances lors de la réunion de l'assemblée des notables. Il montre « son courage et son obstination dans le dévouement à travers tous les mécomptes, tous les reproches, tous les dégoûts et les périls ». « Les partis, dit-il, se sont amplement glorifiés aux dépens de Louis XVI. il est temps aujourd'hui de faire justice à Louis XVI aux dépens des partis. » Enfin, il donne les preuves de l'esprit politique du roi lorsque, à deux reprises, en 1789 dans les observations dont il fait précéder l'approbation des premiers décrets de l'Assemblée, et le 4 février 1790 dans un discours prononcé à l'Assemblée même, il revendique pour le pouvoir exécutif une autorité bien définie, indépendante et complète, en appuyant sa demande des considérations les plus justes, les plus intelligentes et les mieux exprimées.

Enfin, lorsque la Révolution est définitivement victorieuse, M. de Falloux donne sur la captivité et la mort du roi les détails les plus touchants.

Certes, on connaît mieux Louis XVI après cette lecture ; surtout on connaît l'homme dont le cœur battait sous l'habit du roi. Le résultat d'une analyse aussi complète est un sentiment de respect aussi intense et plus raisonné que celui produit par une étude volontairement élogieuse.

Après ce tribut payé à ses convictions politiques M. de Falloux voulut aussi manifester utilement ses idées catholiques. Dans la préface de l'*Histoire de saint Pie V*, il nous dit que, frappé de la renaissance religieuse qu'avaient su provoquer en partie et développer si bien les grands écrivains du commencement de ce siècle qui s'appelaient Chateaubriand, Bonald, de Maistre, il avait voulu y concourir selon ses forces et chercher quelques années après eux, à ranimer un feu déjà moins ardent. En 1840, le pays était loin d'être aussi religieux que vingt ou trente ans auparavant. Le gouvernement faisait volontiers profession d'indifférence par calcul autant que par conviction, car il voulait par-dessus tout éviter le reproche fait si souvent à la Restauration d'unir trop étroitement la religion et la politique. Néanmoins, quelques symptômes indiquaient soit dans le monde gouvernemental, soit en dehors, un certain retour vers la religion et vers ses ministres dont la conduite prudente depuis 1830 n'avait pu passer inaperçue. M. de Falloux voulut profiter de ces symptômes actuels et suivant son habitude en chercher la justification dans le passé, tout en indiquant que l'accord de la religion et de la société moderne devait être la règle de l'avenir. Les découvertes nouvelles, réalisées ou annoncées, qui changeaient les conditions de l'existence ne l'effrayaient pas: il cherchait en vain comment on pouvait conclure des progrès de l'industrie à une diminution des besoins religieux et de la foi; c'était selon lui grandir singulièrement le rôle de la science que de la croire suffisante à remplacer l'appui moral des convictions religieuses, comme c'était dénaturer le rôle de la religion que de croire qu'elle n'avait sa raison d'être que comme un état transitoire entre la barbarie qu'elle était bonne à contenir et la civilisation moderne à laquelle elle devait céder la place. Cependant ce raisonnement était souvent formulé tantôt avec légèreté, tantôt avec une allure scientifique ou philosophique. En en montrant l'inanité on pouvait conclure du présent à l'avenir, mais restait le passé. C'est en effet une des conséquences d'un pouvoir permanent et d'institution divine que tous ses actes doivent concorder, quelle que soit leur date. Pour la défense de la papauté ce serait peu de montrer l'utilité de son rôle à un moment donné, si on ne pouvait prouver en même temps la grandeur, la nécessité et la bienfaisance de ce rôle à toutes les époques. Cependant on ne peut exiger d'elle dans les questions temporelles une infaillibilité qui n'existe, même en matière spirituelle, que dans des conditions rigoureusement déterminées. M. de Falloux avait raison de dire que Dieu ne s'était jamais engagé à affranchir la papauté des lois générales de l'humanité, ni à la faire briller comme un miracle à toute heure, comme d'ailleurs il avait raison d'ajouter qu'elle présente « par la durée, par la perfection de son œuvre, par l'inviolabilité de son caractère sacré un prodige inexplicable avec les seules données humaines. »

La *Vie de saint Pie V* nous montre la papauté luttant au XVIe siècle contre l'hérésie protestante et contre la barbarie représentée par l'islamisme.

A l'hérésie protestante l'Église répondit par la réforme de sa discipline, l'affirmation et l'explication de ses dogmes, la recherche constante et la punition des hérésies individuelles et la lutte à main armée dans les pays où elle était provoquée sur ce terrain par le protestantisme. Il était toujours utile de mettre en relief l'œuvre du concile de Trente et l'intelligence et la fermeté avec lesquelles elle fut développée et appliquée; il n'était pas nécessaire de la défendre. Il n'en était pas de même en ce qui concerne la recherche et la punition de l'hérésie chez les individus; cette recherche était faite au moyen des tribunaux de l'Inquisition dont Pie V avant d'être pape avait été commissaire général. M. de Falloux avait à cœur de laver l'Église des reproches soulevés par le rôle de l'Inquisition, reproches que le XVIIIe siècle surtout avait formulés avec âpreté et qui restaient, qui restent encore, parmi les plus généraux et les plus captieux de ceux contre lesquels elle doit se défendre. On ne peut nier qu'à ce point de vue la défense la plus habile fut de tracer de la vie du plus grand des papes de cette triste époque le tableau complet qu'il sut mettre au jour. Pour apprécier une politique il est certainement de toute équité de s'imprégner de l'esprit du siècle où elle s'est développée, de penser, s'il est possible, avec le cerveau d'un homme de ce siècle, de sentir avec ses passions. Sans doute de grandes lois morales dominent toutes les époques, mais combien d'actes ont motivé suivant les temps des jugements bien différents. Ce n'est qu'en se plaçant à ce point de vue relatif que, dans la préface de son *Pie V*, M. de Falloux faisait de la tolérance religieuse l'apanage des siècles de doute et d'indifférence et justifiait en premier lieu l'intention des inquisiteurs par la conviction où ils étaient, en face des revendications si nouvelles du protestantisme, de posséder seuls la vérité et d'arriver en agissant vigoureusement à étouffer l'hérésie à son début. Pour ce qui est des procédés de l'Inquisition, des châtiments qui étaient la suite de ses jugements. il indique l'état du droit criminel à cette date, la nature des peines qu'infligeait la justice séculière, l'union absolue du pouvoir civil et du pouvoir religieux qui faisait d'un hérétique un révolté contre l'ordre social existant. et il en arrive à cette conclusion que, dans les idées du XVIe siècle. l'intervention de l'Église, même sous la forme de l'Inquisition, n'avait rien d'anormal. Dans un des chapitres de l'ouvrage, M. de Falloux, sans traiter spécialement la question, fait d'ailleurs justice de l'Inquisition espagnole dans le fonctionnement de laquelle l'esprit politique s'introduisit incontestablement. Devenu ministre, M. de Falloux fut, à l'occasion des opinions émises dans cet ouvrage, violemment attaqué dans la séance du 25 mai 1849: Cette discussion n'avait aucun intérêt immédiat; c'était un moyen de battre en brèche un ministre qui ne rêvait certainement pas de rétablir l'Inquisition, mais qui avait deux buts bien avoués : l'établissement de la liberté d'enseignement et la défense de la papauté. Les ennemis du ministre semblent n'avoir lu des ouvrages incriminés que les lignes qui, présentées isolément, pouvaient produire l'effet qu'ils cherchaient; de plus. ils agissaient par le procédé inverse de celui de l'auteur, c'est-à-dire invitaient le public à juger avec les idées du XIXe siècle une opinion émise sur des actes du XVIe siècle, opinion où ils s'obstinaient à voir une apologie au lieu d'un jugement historique porté de bonne foi. M. de Falloux se borna à protester contre les citations tronquées et à renvoyer à ses ouvrages.

D'autres chapitres de la *Vie de saint Pie V* montrent ce pape faisant accepter par les diverses puissances les décrets du concile de Trente, réformant le missel et le bréviaire, envoyant une armée au secours du roi de France pour le défendre contre ses sujets huguenots, protestant contre le traité fallacieux de 1570 entre les catholiques et les huguenots français, intervenant en Allemagne auprès de l'empereur Maximilien, excommuniant Élisabeth d'Angleterre, enfin tenant tête au protestantisme sous toutes ses formes avec une ardeur, une persévérance et une intelligence singulières.

La fin de l'ouvrage est consacrée au récit de l'organisation laborieuse de la ligue qui combattit et vainquit à Lépante, ligue dont saint Pie V était inspirateur et membre particulier, et dont la victoire termina si glorieusement son pontificat.

Saint Pie V mourut quelques mois avant la Saint-Barthélemy, dont le récit ne pouvait trouver place dans celui de sa vie. M. de Falloux qui semblait, nous l'avons dit, s'être donné pour rôle de justifier l'Église des accusations les plus perfides ou les plus répandues contre elle, traita dans un écrit spécial [1] d'abord des origines de la Saint-Barthélémy et ensuite de la manière dont elle fut, après son exécution, annoncée aux divers gouvernements, la papauté y compris. Il établit qu'elle fut l'œuvre spontanée du roi, de la reine et de leurs conseillers intimes, indépendamment de toute ingérence de Rome ou du clergé de France. Il établit ensuite, et sur ce point il cite les dépêches du roi Charles IX à un de ses ambassadeurs, que le massacre fut présenté comme ayant eu pour cause première la répression d'une sédition huguenote qui mettait en péril les jours du roi. Aussi son annonce ne pouvait-elle soulever la réprobation qui fut plus tard la conséquence d'une connaissance exacte des faits.

Enfin, M. de Falloux avait entendu maintes fois reprocher à l'Église de la Renaissance son attitude vis-à-vis de Galilée ; rien ne pouvait le toucher plus que l'idée contenue dans ce reproche que l'entente de l'Église et de la science fût impossible. Un exposé des démêlés de Galilée et du tribunal de l'Inquisition [2] montra quels avaient été l'imprudence et le caractère provocant de l'attitude du grand homme, en mêlant les questions théologiques aux questions scientifiques et fit ressortir quels étaient le but, le caractère et la valeur réelle de la sentence qui le frappa. Que la doctrine de Galilée fût vraie, c'est incontesté maintenant ; que, vu la forme sous laquelle elle se présentait et l'époque où elle se

[1] 1843. Congrès scientifique de France à Angers.

[2] Le *Correspondant*, novembre 1847.

produisait, il ait été prudent et naturel d'en retarder la diffusion, c'est ce quil est très possible de soutenir. M. de Falloux arrive à la conclusion du protestant genevois Mallet du Pan dans le *Mercure de France* de 1784... « Galilée ne fut point persécuté comme bon astronome, mais en qualité de mauvais théologien. On l'aurait laissé tranquillement faire marcher la terre s'il ne se fût point mêlé d'expliquer la Bible... » Il expose tous les adoucissements que l'Inquisition apporta dans l'instruction, dans la procédure et dans l'exécution du jugement et dégage en tous cas la responsabilité de la papauté même.

Les autres ouvrages de M. de Falloux, la *Vie de Mme Swetchine* et celle de M. Augustin Cochin ont une portée moins générale que ceux dont il vient d'être question. Les deux biographies ont été inspirées principalement par la reconnaissance et l'amitié. Cependant ces deux sentiments n'auraient pas justifié de pareils travaux ou du moins leur publication, si en même temps le récit de ces deux vies n'avait renfermé d'utiles enseignements ou fourni l'occasion de passer en revue de notables événements.

M. de Falloux avait d'abord hésité à se laisser introduire dans le salon de Mme Swetchine, dont la réputation d'austérité effrayait quelque peu sa jeunesse. Mais il n'avait pas tardé à en goûter le charme et à en devenir un des hôtes les plus assidus. Il eût été fâcheux qu'un préjugé quelconque l'éloignât d'un pareil centre, car il se serait peut-être maintenu moins facilement à la hauteur morale dont on ne le vit jamais descendre sans les conseils et les encouragements constants de cette femme supérieure. Il conçut pour elle autant d'affection que d'admiration, et il n'est pas étonnant qu'il ait eu le désir de retracer sa vie comme un modèle de religion aimable et éclairée.

D'une famille distinguée, Sophie Soymonof reçut une éducation intellectuelle soignée, mais une éducation religieuse très superficielle. En 1796, elle fut nommée demoiselle d'honneur de la nouvelle impératrice Marie et épousa peu de temps après le général Swetchine, qui fut un moment gouverneur de Saint-Pétersbourg, puis subit une brusque disgrâce. Pendant la durée de la Révolution, elle connut la portion particulièrement brillante de l'émigration qui s'était fixée en Russie. Portée par nature à l'étude des questions religieuses, elle se livra à de nombreux travaux destinés à lui permettre de se faire elle-même une conviction et se convertit au catholicisme vers 1815. A la suite d'intrigues de cour dirigées contre son mari, elle se décida à s'éloigner de Russie avec lui et à venir se fixer en France à la fin de 1816. Elle y retrouva rentrés dans leur patrie et ayant recouvré leur influence nombre de ses amis, anciens émigrés, qui l'accueillirent avec bonheur et l'introduisirent dans la plus haute société de la capitale. C'est dans ce milieu qu'elle agit ou plutôt qu'elle se fit insensiblement une place si considérable: rien, en effet, ne donnerait moins l'idée du genre d'influence de Mme Swetchine que l'activité extérieure ou le désir absolu de diriger les autres qui accompagnent souvent et parfois nécessairement le zèle pour le bien. Elle ne recherchait pas une autorité qui lui vint naturellement. Ses liaisons, dont quelques-unes devinrent de véritables amitiés, avec M. de Maistre, Mgr de Quélen, les PP. Lacordaire et de Ravignan, le prince Albert de Broglie, M. de Tocqueville, M. de Falloux, montrent quelle était sa valeur morale ou intellectuelle. On sait que plusieurs de ces hommes distingués, le P. Lacordaire entre autres, entretinrent avec elle une correspondance suivie, lui faisant part de leurs projets, de leurs soucis, et sollicitant ses conseils ou ses démarches. M. de Falloux, physiquement et moralement, était un délicat; il ne s'épargnait pas dans les luttes de la vie publique, mais il en sortait souvent fatigué, froissé, énervé. Il trouvait dans le salon de Mme Swetchine une atmosphère de calme et de modération bien propre à réparer la lassitude de la lutte, à la lui faire oublier, à le mettre en état de la recommencer. Ce n'était pas entre elle et lui une communauté d'idées absolues. Il résulte du portrait qu'il en trace que personne plus que Mme Swetchine ne conserva vis-à-vis de tous cette complète indépendance de jugement qui est une des formes de la franchise, mais il trouvait toujours chez elle une douceur de relations, une bonne foi, une indulgence générale également reposantes et en même temps une affection sure et un jugement très droit dont profitaient ceux de ses amis qui parvenaient a vaincre sa timidité et sa modestie.

Après la vie de Mme Swetchine, qui répondait dans l'esprit de M. de Falloux au sentiment de reconnaissance intime que nous avons exposé, celle de M. Cochin était un hommage rendu à un ancien compagnon de luttes avec lequel la victoire ou la défaite avaient souvent été communes. M. Cochin était beaucoup plus jeune que M. de Falloux, mais avant 1848, ils avaient fait partie ensemble d'œuvres nombreuses et avaient conçu l'un pour l'autre une estime définitive. Leur point de contact, au moins au début de leur amitié, fut uniquement l'idée religieuse; M. Cochin ne fit jamais partie des Chambres et était moins préoccupé de l'action politique que M. de Falloux. Il s'ensuivit de sa part une adhésion ou au moins une résignation à l'établissement du second Empire que M. de Falloux ne connut pas. Mais la politique italienne du nouveau gouvernement, sa méfiance envers l'action catholique libre en éloignèrent peu à peu M. Cochin, comme plus tard sa triste fin. les excès de la Commune et les tendances radicales du parti républicain lui donnèrent le désir le plus net de voir la monarchie rétablie. Vers la fin de la vie de M. Cochin, M. de Falloux et lui étaient donc encore plus unis que lors de leur première rencontre.

M. de Falloux nous fait d'abord connaître les antécédents de famille de son ami. Ce n'est pas diminuer le mérite propre d'Augustin Cochin que d'énumérer les nombreux exemples d'honnêteté de piété et de générosité que lui présentait la vie de ses ancêtres, riches et puissants bourgeois de Paris, honorés de charges considérables et les honorant. Très actif, il fut dès son adolescence à la tête de conférences de Saint-Vincent de Paul et de sociétés de secours mutuels dont il s'occupa toute sa vie. Naturellement porte à l'étude des questions sociales. il écrivit d'abord trois monographies sur la condition des ouvriers modernes[1] et un travail sur

[1] Elles sont intitulées : *le Chiffonnier de Paris, le Tisserand de la vallée du Rhin Brodeur des Vosges.*

système d'éducation de Pestalozzi, qui obtint en 1848 à l'Académie des sciences morales et politiques une mention honorable. En 1849 (il n'avait que 26 ans) il est nommé par M. de Falloux, alors ministre de l'Instruction publique, membre de la commission chargée de préparer la loi sur l'enseignement: à l'étonnement du plus grand nombre des membres de la commission de se voir donner un si jeune collègue. succèdent bientôt la sympathie et l'estime pour son caractère et son talent. La loi de 1850 votée. M. Cochin fit partie du comité privé qui, sous la présidence de M. Molé. s'appliqua à en assurer le développement.

A l'époque du coup d'État. il était adjoint au maire du Xe arrondissement et favorisa la réunion des représentants qui vinrent rédiger une protestation dans cette mairie. Néanmoins, l'Empire ferma les yeux sur cette indépendance d'allure et le nomma maire deux ans après. Il accepta ces fonctions qu'il n'avait pas sollicitées et ne s'en démit volontairement que lorsqu'un de ses articles sur la question italienne eut été frappé d'un avertissement.

Il entreprit une longue et intéressante campagne en faveur de l'abolition de l'esclavage dans le monde entier.

Dans les conseils des Compagnies d'Orléans et de Saint-Gobain. il retrouva ses qualités d'administrateur, dont il donna les dernières preuves quand M. Thiers l'appela après la guerre à la préfecture de Versailles.

En 1863, en 1869 et en 1871, il s'était présenté aux élections à Paris et montra dans les réunions publiques un véritable talent d'orateur.

Dès les premières années de l'Empire, et de même que M. de Falloux, M. Cochin prenait part à la direction du *Correspondant*, auquel il collabora dès lors assidûment en y faisant de nombreux articles d'économie sociale et y prenant surtout la plume dans les questions de politique religieuse.

Nous ne nous étendrons pas davantage sur cette vie, car nous serions amenés, vu la communauté d'action et de pensée qui a si souvent existé entre M. de Falloux et M. Cochin. à traiter de nouveau plusieurs des questions dont nous avons déjà parlé. Ils avaient les mêmes croyances, ils unirent souvent leurs efforts et quand ils ne combattaient pas ensemble, ils suivaient des voies parallèles sinon identiques. De plus, M. Cochin avait deux qualités qui avaient spécialement séduit M. de Falloux : la hauteur de vues et une activité continue, réglée et intelligente, M. Cochin était entré dans la vie avec un ensemble de convictions qu'il n'abandonna jamais, l'élévation naturelle de ses sentiments donna à son existence une noblesse d'attitude toujours égale. Actif et résolu, il s'efforça sans cesse de mettre en pratique ses sentiments et il le fit avec une suite et un calme qui provenaient de l'absence de tout doute sur l'utilité et la grandeur du but qu'il poursuivait. Le zèle pour le saint siège et la charité chrétienne, qu'il sut faire profiter de toutes ses qualités d'organisateur et d'écrivain, étaient son essence même. Dans son ardeur il n'y avait pas le moindre élément qui ne vînt d'une conviction intime et du raisonnement ; elle ne provenait pas, même pour la moindre part, de l'entraînement mondain qui donne parfois aux œuvres pieuses le caractère d'une mode. Ses ennemis le traitaient de clérical ainsi que M. de Falloux et leurs amis. Cléricalisme est le mot du vocabulaire moderne qui sert à désigner le catholicisme quand on veut l'attaquer. Représenter nettement le catholicisme comme un ennemi à combattre peut avoir quelques inconvénients vu le respect dont il est encore entouré ; mais la puissance des mots est parfois magique et il suffit souvent de prêter au catholicisme on ne sait quelles visées de domination absolue et de le désigner d'un nom nouveau pour entraîner contre lui les timides et tromper les naïfs. Si l'on voulait dire que la forme donnée au catholicisme par certaines personnes tient moins compte que telle autre de l'organisation des sociétés modernes, on pourrait comprendre la distinction faite, entre catholiques et cléricaux; mais en ce cas, la qualification de « cléricaux » n'aurait eu aucun sens appliquée à des catholiques libéraux comme M. de Falloux et M. Cochin.

Les *Mémoires* de M. de Falloux, son dernier ouvrage n'ont été publiés qu'après sa mort, mais ont été rédigés par lui-même dans les dernières années de sa vie. Nous en avons usé parfois, surtout pour y retrouver la trace de l'action politique de M. de Falloux en dehors des assemblées ou de son ministère ; mais ils renferment, en outre, de nombreux détails biographiques. Comme presque tous les Mémoires, ils contiennent deux ordres de faits, ceux qui ont trait à la vie publique de leur auteur, ceux qui ont trait à sa vie privée. Les premiers étaient déjà connus, bien que dans de moindres détails. Les seconds sont intéressants à connaître parce qu'ils expliquent, confirment et complètent souvent les premiers.

M. de Falloux n'a fait que suivre en politique la voie qui lui était tracée. Il était d'une famille royaliste, déjà considérable avant la Révolution. Par sa mère il était arrière petit-fils de la baronne de Mackau, sous-gouvernante des enfants de France sous Louis XV. Son père émigra à quatorze ans, servit dans l'armée de Condé, prit part à l'expédition de Quiberon et ne rentra en France que sous le Consulat.

A la fin de la Restauration, il eut l'idée d'entrer dans la diplomatie, mais la révolution de Juillet y coupa court.

Il nous décrit les salons royalistes lors de son arrivée à Paris et sous le gouvernement de Juillet ; les détails qu'il donne montrent combien il y était bien accueilli. Il y acquit cette urbanité si rare dans le monde politique qui, sans exclure la vigueur, donne aux relations, même aux relations d'affaires, une facilité particulière. Ses nombreux voyages en Angleterre, en Autriche, en Italie, en Russie complétèrent son éducation intellectuelle.

Ses *Mémoires* nous révèlent un esprit piquant, observateur, légèrement caustique, mais d'une causticité de bon goût. L'épigramme peut être vive, l'expression en est toujours mesurée. Mais évidemment il savait voir, entendre et ensuite décrire. Il ne promenait pas dans les salons français et européens le spleen d'un désœuvré. Il prenait grand intérêt à l'étude les caractères dont les nuances diverses échappent à l'homme léger ou inintelligent. Dans ses écrits il parle peu des monuments, des aspects du pays, des histoires locales, toutes choses qui remplissent souvent les Mémoires et les transforment en guides à l'usage des touristes; il parle surtout des personnages qu'il a pu approcher et de ces personnages il décrit les qualités de cœur et d'esprit sans s'attacher jamais au physique. Ce n'est pas qu'il consacre jamais à ses descriptions un long effort; sauf peut-être dans son parallèle entre M. Thiers et M. Guizot, on ne remarque pas le parti pris de tracer ce que l'on appelle « des portraits ». Mais, naturellement, en quelques lignes, il donne sur les hommes une opinion toujours très nette, souvent spirituelle et, croyons-nous, généralement juste. Ses appréciations sur les ducs de Lévis et des Cars, sur MM. de Saint-Priest et Berryer, le prince Louis-Napoléon, Mgr Dupanloup, M. de Montalembert, M. O. Barrot donnent la preuve des qualités dont nous parlons. Cette preuve d'ailleurs était déjà faite dans d'autres ouvrages; son *Louis XVI* contient quelques lignes sur Lafayette et le *Parti catholique* de nombreuses pages sur M. Veuillot qui, avec des dimensions fort différentes, montrent son habileté dans l'art d'étudier et de décrire les hommes.

Quant aux qualités générales du style et de la composition dans ses *Mémoires,* on peut les juger par la facilité avec laquelle se lisent ces deux volumes de six cents pages chacun, où l'on ne trouve ni longueurs ni hors-d'œuvre.

M. de Falloux avait aussi les qualités de l'orateur. Pour l'affirmer nous ne nous basons pas sur la belle ordonnance de ceux de ses discours qu'il avait eu le loisir de composer à l'avance comme, par exemple, celui qu'il prononça en 1851 sur la revision de la Constitution; on y retrouve naturellement des qualités analogues à celles que ses écrits révèlent; mais M. de Falloux était aussi un improvisateur, son intervention dans la discution de l'article 8 de la Constitution de 1848 le prouve. Notre opinion vient aussi de l'ardeur que montrent toutes les paroles qu'il prononce, ardeur que l'on voit croître à mesure qu'il parle, de sa possession de lui-même au milieu des interruptions, de la promptitude et de la justesse de ses répliques. Il ne manquait jamais de donner à sa pensée le développement complet qu'elle nécessitait, mais il savait suspendre au besoin la suite de son discours pour répondre à un adversaire qui cherchait à l'arrêter et il montrait dans ces escarmouches oratoires une vigueur et un à-propos incontestables. En même temps très maître de soi, il ne prononça jamais une parole qui dépassa ou défigura sa pensée.

En 1856 il remplaça à l'Académie française le comte Molé. Écrivain, orateur, personnage politique considérable, homme du meilleur monde, il réunissait en lui tous les titres dont quelques-uns suffisent parfois à ouvrir les portes de cette illustre compagnie.

FIN

LYON — IMPRIMERIE PITRAT AINÉ, 4, RUE GENTIL.

www.ingramcontent.com/pod-product-compliance
Ingram Content Group UK Ltd.
Pitfield, Milton Keynes, MK11 3LW, UK
UKHW021115260726
13994UKWH00002B/891